高校田径教学创新与体育教育教学改革研究

谭军辉 王 斌 李文周◎著

线装书局

图书在版编目（CIP）数据

高校田径教学创新与体育教育教学改革研究 / 谭军辉，王斌，李文周著. -- 北京：线装书局，2023.1
ISBN 978-7-5120-5343-4

Ⅰ. ①高… Ⅱ. ①谭… ②王… ③李… Ⅲ. ①田径运动－体育教学－教学改革－研究－高等学校 Ⅳ.
① G820.2

中国国家版本馆CIP数据核字(2023)第010760号

高校田径教学创新与体育教育教学改革研究
GAOXIAO TIANJING JIAOXUE CHUANGXIN YU TIYU JIAOYU JIAOXUE GAIGE YANJIU

作　　者：	谭军辉　王　斌　李文周
责任编辑：	白　晨
出版发行：	线装书局
	地　　址：北京市丰台区方庄日月天地大厦B座17层（100078）
	电　　话：010-58077126（发行部）010-58076938（总编室）
	网　　址：www.zgxzsj.com
经　　销：	新华书店
印　　制：	三河市腾飞印务有限公司
开　　本：	787mm×1092mm　　1/16
印　　张：	11
字　　数：	243千字
印　　次：	2024年7月第1版第1次印刷

定　　价：58.00元

前　言

　　在高校体育教育专业，田径课程是一门主干课程，但这门主干课程的自身价值却没有完全的体现出来，关于田径运动的健身作用，在教学内容和教学方式中都没有很好的将其规划进去。因此，田径课程教学在一定程度上说来阻碍了我国体育事业的发展。高校体育教育中明确指出，学校应以培养学生的心理健康、生理健康等全面发展作为今后教学的主要目的，田径教学课程的改革势在必行。

　　在我国现阶段的高校田径教学中，教师进行田径教学应该更为重视高校学生的田径项目技巧的教学，从而导致忽略了田径项目所带来的其他应用价值。高校学生失去了对田径运动的兴趣，更加喜欢其他的具有娱乐性的体育项目，落后的田径教学方式不能有效培养高校学生的体育精神。在传统的田径模式当中存在着很多问题，如教学内容陈旧。在目前的高校田径教学当中，体育老师经常根据自己的教学经验进行教学，而不研究当下新型教学理念下的新型体育教材，比如在接力的项目中，新教学理念在课本当中要求通过接力项目来培养高校学生的团队精神以及体育精神。

　　在传统的教学理念下，教师在进行教学时是绝对的教学主导者，即教师讲什么内容，高校学生就要学习什么内容，导致高校学生在课堂当中的参与率比较低。国家为了提高高校学生对课堂的积极性，提高课堂的教学质量，要求教师在进新教学理念的过程中要在高校学生的前进道路上起到指明灯的作用，要站到引导者的角度上来对高校学生进行引导，在课堂教学当中要以高校学生为主体，让高校学生成为课堂教学的中心，以此促进学生体育运动能力的提高。在新教学理念的要求下，高校田径教学需要进行有效改革，因为现阶段高校的教学现状并不乐观。为缓解现阶段田径课程教学的现状，有效提高高校学生对田径的兴趣，高校教师应该对新教学模式进行研究，并且通过研究将新教学模式有效融入田径教学课堂当中，使高校学生能够逐渐热爱田径这一运动。

　　就目前高校田径教育情况而言，大部分仍旧在使用传统的教育模式，这种情况在根本上过度强调了体育竞技的结果，从而忽视了让学生在体育竞技中的"以人为本"原则的体验，即过分重视高校学生在进行田径训练的结果忽视了高校学生在进行实际学习当中的学习体验精神，这会导致高校学生在对田径项目上的学习和感悟出现消极情绪。教师没有从根本上引导高校学生对田径运动予以重视，在一定程度上会导致教师在对高校学生的实际教育效率的影响。在教师进行实际的田径教学环节当中，大部分教师都是接受着教育部门要求的教学模式以及高校自行采取的田径教学模式两种模式进行管理。教师在进行实际课程教学当中要将两种方式结合到一起运用，进行实际教学改革和创新的同时，要能满足高校学生和学校两方面对田径教学的需求。在教师进行教学思想改革当中要充分根据高校学生的实际情况和学校现有的资源制定新型且高效的高校田径教育模式。并且，在完善教师的评测体系的同时还要满足对高校学生的综合评价。

  本书的章节布局，共分为八章。第一章是高校体育教育教学理论基础，介绍了高校体育课程教学理论概述、教学目标以及价值观与目标思考等；第二章对高校田径运动概述做了相对详尽的介绍，介绍了田径运动的概念、起源与发展、特点与功能以及项目分类；第三章是高校田径教学现状，介绍了高校田径教学理论与方法、目标与考核以及困难；第四章是高校田径教学手段创新，介绍了多元智能理论下的高校田径教学创新、多媒体技术应用以及趣味田径；第五章是高校田径课程的创新发展，只有不断吸收先进的课程改革理念与方法，调整和完善田径运动教学课程，才能促进高校田径运动教学的发展，进而促进我国整个田径运动水平的提高；第六章是高校体育教学模式创新理念，介绍了高校体育教学模式的概述、合作学习体育教学模式以及多媒体网络体育教学模式等；第七章是教育思想在高校体育教育中的应用，本章介绍了人文教育思想、科学教育思想以及终身教育思想在高校体育教育中的应用；第八章是高校体育教育教学创新发展，本章介绍了高校体育教育的道德传承和作用和教学创新与人的思维特征等内容。

  本书在撰写过程中，参考、借鉴了大量著作与部分学者的理论研究成果，在此一一表示感谢。由于作者精力有限，加之行文仓促，书中难免存在疏漏与不足之处，望各位专家学者与广大读者批评指正，以使本书更加完善。

编委会

谭军辉　王　斌　李文周
贾义政

目 录

第一章 高校体育教育教学理论基础 …………………………………………（1）
 第一节 高校体育课程教学理论概述 …………………………………（1）
 第二节 高校体育课程与教学目标 ……………………………………（8）
 第三节 高校体育教学价值观与目标思考 ……………………………（12）
 第四节 高校体育教学内容结构体系的构建 …………………………（18）

第二章 高校田径运动概述 ……………………………………………………（26）
 第一节 田径运动的概念 ………………………………………………（26）
 第二节 田径运动的起源与发展 ………………………………………（26）
 第三节 田径运动的特点与功能 ………………………………………（31）
 第四节 田径运动的项目分类 …………………………………………（38）

第三章 高校田径教学现状 ……………………………………………………（41）
 第一节 高校田径教学理论与方法 ……………………………………（41）
 第二节 高校田径教学的目标与考核 …………………………………（53）
 第三节 高校田径教学改革的困境思辨 ………………………………（62）

第四章 高校田径教学手段创新 ………………………………………………（67）
 第一节 多元智能理论下的高校田径教学创新 ………………………（67）
 第二节 多媒体技术在高校田径教学中的应用 ………………………（74）
 第三节 趣味田径引领下高校田径教学创新研究 ……………………（79）

第五章 高校田径课程的创新发展 ……………………………………………（83）
 第一节 高校田径课程改革的现状研究 ………………………………（83）
 第二节 高校田径课程改革的理论研究与对策 ………………………（90）

第六章 高校体育教学模式创新理念 …………………………………………（95）
 第一节 高校体育教学模式的概述 ……………………………………（95）
 第二节 合作学习体育教学模式 ………………………………………（100）
 第三节 多媒体网络体育教学模式 ……………………………………（103）
 第四节 高校体育教学模式的发展 ……………………………………（111）
 第五节 高校体育翻转课堂教学模式 …………………………………（117）

第七章 教育思想在高校体育教育中的应用 …………………………………（122）

第一节　人文教育思想在高校体育教学中的应用 …………………(122)
　　第二节　科学教育思想在高校体育教学中的应用 …………………(126)
　　第三节　"寓乐于体"教育思想在高校体育教学中的应用 …………(133)
　　第四节　终身教育思想在高校体育教学中的应用 …………………(138)
第八章　高校体育教育教学创新发展 ……………………………………(142)
　　第一节　高校体育教育的道德传承和作用 …………………………(142)
　　第二节　教学创新与人的思维特征 …………………………………(147)
　　第三节　高校学生创造力的培养和开发 ……………………………(152)
　　第四节　高校体育教学创新 …………………………………………(157)
参考文献 ……………………………………………………………………(162)

第一章　高校体育教育教学理论基础

第一节　高校体育课程教学理论概述

一、高校体育课程教学基本理论

（一）高校体育课程基本内容

1. 课程和教学的概念。关于"课程"的概念众说纷纭，不同的学者按照各自不同的课程价值观念来阐述课程的定义和内涵。在国外，"课程"一词最早出现在英国教育家斯宾塞的《什么知识最有价值》（1859）一文中，"课程"是从拉丁语"currere"一词派生出来的，意为"跑道"。随着教育科学的深入发展，课程的意义不断得以丰富，人们对课程内涵的界定各持己见，形成了不同学说。

关于"教学"一词，早在我国商朝的甲骨文中就已经出现了"教"字，也有了"学"字。到20世纪初，人们才对教师的"教"重视起来。新中国建立后，随着苏联教育家凯洛夫的著作在我国的翻译介绍，教学内涵又发生了新的变化。"教"和"学"是同一过程的两个方面，彼此不可分割地联系着。

2. 高校体育课程教学的理念。体育课程的定位，着眼于新世纪人才素质的需求，注重以人为本，强调以学生的学习、发展为教学的中心，以"健康第一"作为教学的指导思想。体育课程教学以学生的学习、发展为本，教学过程中，要求学生进行主动学习。倡导学生主动参与、乐于探究、勤于动手，培养学生体育能力和进行体育锻炼的良好习惯，树立终身体育的运动意识。教师在课程教学过程中的主导作用是引导、帮助学生对体育课程知识、运动方法和动作技术的学习。体育课程突出学生作为课堂教学的主体地位，重视教师的主导作用，在教学过程中为完成共同的教学任务，实现共同的教学目标进行知识技能的传授、研究和探索。

确立知识与技能、过程与方法以及情感态度与价值观三维度的整合。体育课程的教学，要在继承与发扬传统的体育教学成功经验基础上，确立知识与技能、过程与方法以及情感态度与价值观三个维度的整合。强调知识与技能、过程与方法以及情感、态度与价值观的整合，体育课程打破了学科的本位主义框框，删除了"繁、难、偏、旧"的内容和改变了过于重竞技运动的状况，加强课程内容与学生生活以及现代社会和科技发展的联系。把课程回归现实生活。新课程教学注重理论与实践的结合，体育运动与健身方法的结合强调体育锻炼与日常生活的融合，使学生学会学习的方法、培养体育锻炼的习惯、养成终身体育的意识。

综合应用多学科理论进行教学，促进学生身体的健康发展。现代科学发展越来越呈现综合化的趋势，无论是自然科学还是人文科学，各学科之间往往相互渗透，产生新的边缘学科。体育课程的教学是促进学生生理、心理健康水平及社会适应能力的健康发展，有效地增强学生体质的过程。全面发展学生的身体素质和基本运动能力，形成良好的运动技能，同时注重在体育教学过程中对学生进行思想品德教育。要完成上述的教学任务，必须综合运用体育科学、教育科学、人文科学等多学科基本理论与方法，促进学生身体的健康发展，有效地增强学生体质。

学生身体的健康发展是指学生身体机能、身体形态、心理素质和社会适应能力的全面发展。实施体育课程教学活动，是以促进学生身体的健康发展，有效地增强学生体质的运动过程。健康发展的内涵是指学生的全面、健康、和谐、可持续发展。

3. 高校体育课程教学的指导思想与任务。健康第一的指导思想不仅给体育课程教学改革注入了新的内涵，而且在提升学校体育价值含量的同时，使学校体育的教学目标更加明确。改变过去传统的体育教学"重竞技"，围绕"达标率""合格率"等功利性倾向，改变教学目标与学生学习的脱节现象，使体育课程教学与21世纪社会、政治、经济的发展需求相适应，使体育课程教学与促进学生身心健康发展，有效地增强学生体质的目的和以学生为本的教学理念更加贴切。体育教学的指导思想在体育课程教学过程中通过各种途径对学校体育教学目标、教学任务、教学内容、教学方法、教学的组织形式和体育锻炼过程的体系产生极为重大的影响，是整个体育教育理论的核心。

实现教育部颁布的学校体育教学目标，体育课程教学的总任务，要全面锻炼学生的身体，促进学生生理、心理健康水平，有效地增强学生体质。培养学生体育能力，科学地应用健身方法，养成良好的体育锻炼习惯，为终身体育奠定良好的基础。

（二）高校体育课程的教学过程与内容

1. 体育课程的教学方法。体育课程教学方法是教师和学生为了实现共同的教学目标，完成共同的教学任务，在教学过程中运用的方式与手段的总称。体育课程教学理论与方法的探索、研究与发展，从始至终都遵循教育学、心理学、运动人体科学的原理，遵循教学理论与教学实践相结合的事物发展规律，遵循人体运动知识、技术技能的形成规律。

体育教学方法主要研究学校体育教学的基本规律，新课题是促进学生身体的健康发展和有效地增强体质、掌握体育知识与运动的规律。从宏观的角度上分析体育教学方法时，我们认为体育教学方法是体育课程教学活动过程中教师和学生为完成共同的体育教学任务，实现共同的体育教学目标过程的总称。从微观的角度上分析体育教学方法时，体育教学方法是由各种不同层次、具体性的教学方略、教学技术、教学手段和教学形式等所组成的一个系统性结构，包含有多层面的教学技术。

2. 体育课程的教学过程。体育课程理念下的教学观强调：教学过程是师生积极参与、交往互动的过程。教学是教师的教与学生的学的统一，这种统一的实质是交往。在体育课教学过程中，强调教师的教以及学生的学所构成的一个有机组合的整体教学结构系统。教师根据学校体育的教学目的、目标、任务、内容与要求，通过体育课程教学与课外体育锻炼活动等不同的组织形式，将具体的体育基础知识、健身方法、运动技术和练习手段有目的、有计划、有组织、系统地传授给学生。逐步培养学生掌握、应用体育基础知识、健身方法、运动技术和练习手段进行运动健身的能力，以及对学生进行思想、道德、品质的教育。

体育课教学过程的本质是使学生学习、掌握和应用体育知识、健身方法和运动技术，培养学生良好的运动技能、体育锻炼习惯和体验运动乐趣。体育课程教学过程是素质教育的重要途径，体育课程教学具有促进学生身体形态、生理机能的功能，明显地体现在骨骼、肌肉和心血管系统、呼吸系统等形态、机能的发育方面。

3. 高校体育课程的教学内容。教学内容是教师和学生据以进行教学的素材，教学的主要媒体。体育教学内容是根据体育课程教学目标、指导思想、教学任务、学生的学习需要与教师的职业技能，遵循体育教学规律和教学原则来选择教学素材，并且对其进行体育教材化的加工和创造，构成科学的、合理的、适合于社会需求和学生发展的体育课程教学内容结构体系。

体育课程教学内容是体育教学实践活动的载体，包含了体育教育的基本理论知识、体育健身的方法、运动技术、思想品质教育等体育教学要素和丰富的文化内涵。教师通过对教学内容的"教"和学生对教学内容的"学"的过程，使学生学习、掌握体育教育的基本理论知识、体育健身的方法、运动技术，提高身体的运动能力水平和形成良好的运动技能。从体育教育活动实施过程及其对人的发展角度进行分析，体育课程教学内容从本质上起到了体育教学实践活动的载体作用。

体育教学素材有两个明显的特征：一是素材来源广泛，内容丰富；二是教学素材之间不具有严密的逻辑性，教材系统结构中每项教学素材内容都具有各自的功能性，由多项教材内容具有的功能性总和构成了能够达成多元教学目标的可能。体育教学内容与竞技运动区别表现在以下两个方面：（1）体育教学内容是根据体育课程教学目标、指导思想、教学任务、学生的学习需要与教师的职业技能，遵循体育教学规律和教学原则所选择的教学素材，是以学生身体健康发展和增强体质为教学目的。而竞技运动内容则是以参加竞技比赛，夺取金牌为目的，以运动员掌握、运用运动技术，提高运动竞技能力与水平为运动训练任务，明显存在不同的任务和目的。（2）体育教学内容必须根据学生学习的需要进行体育课程教材化的改造、组织和加工，而竞技运动内容则是由统一的竞赛规程、规则制订，通常情况下不允许进行改造。体育教学内容与其他教育内容一样是随着社会发展需求而处于不断变化和发展的过程之中。现代的体育教学内容的基本结构体系是随着学校体育和近年来以体育运动的发展而逐步形成、改进与完善的。

4. 高校体育课程的教学评价。体育课程教学改革的一个重要内容就是以评价促发展，因此评价学生的学习要能够体现学生学习的不同层次水平。教学评价是研究课程教学过程中教师的"教"和学生的"学"的过程和结果。体育课程教学评价一般包括对教学过程中教师、学生、教学内容、教学方法手段、教学环境、教学管理诸多因素的评价，但主要是对学生学习过程与结果的评价和教师教学工作过程的评价。评价中依据一定的客观标准，通过各种测量和相关资料的收集，对教学活动及其效果进行客观衡量和科学判定。

体育课程教学的评价，是依据《新课程标准》所进行的课堂教学研究活动。在教学评价活动中强调体育课程教学应以促进学生身心健康发展为根本目的，贯彻"健康第一"的指导思想，要求在全面锻炼身体的基础上，促进学生生理机能、心理素质及社会适应能力方面都得到健康的发展，为终身进行体育锻炼打下良好的基础。体育课程教学的评价通过了解与评估教学各方面的情况，从而判断教学的过程、质量和水平，包括课程教学的成效和缺陷。体育课程教学的评价，对教师的"教"和学生的"学"都具有极为重要的激励和导向作用。通过评价反映出学生对学习的态度、动机、兴趣、方法及其结果能够激励教师的教和学生的学习过程，使师生了解与掌握自己所进行的教学状态及其发展变化情况，提高教学活动的效率从而获得最佳的结果。

二、学习体育课程与教学论的意义目标和方法

（一）体育课程与教学论的意义

学好体育课程与教学论，无论是对于正在进行的体育教育专业学习的本专科生、体育课程与教学论专业的研究生，还是已经工作在第一线的体育教师来说，都具有重要的意义。体育教学理论奠基于教育学、体育学和人体发展学等现代科学学科的理论基础之上，是应用教育学、体育学科理论与人体运动相互结合和相互渗透所形成的一门综合性科学。学好体育课程与教学论对于促进其体育教学职业技能的发展，以及提高教师的基础理论水平和组织、实施体育课程教学能力，都具有重要的参考意义和实用的价值。

1. 把握体育课程教学的基本要素，概括地认识体育教学规律和本质。体育课程教学是一个复杂的教学过程，涉及课程教学目标、任务、内容、方法、组织形式以及学生、教师等方面的因素，是由多个层次、多因素所组成的综合体系。

了解与掌握体育课程教学的基本规律，清晰而正确地辨别各种教学现象特征与本质，合理组织与实施体育课程教学活动，正确地判断和评价体育教学工作是对从事体育课程教学师资的基本要求。我们必须了解、掌握与应用其中的主要构成要素，概括地认识体育教学的规律和本质，全面提升体育教师的专业基础理论水平，从根本上提高体育教师在体育课程教学实践活动中发现问题、分析问题、解决问题的体育教学能力。

无论是对于正在进行体育教育专业学习的学生，还是对于已经在第一线工作的体育教师来说，学习、掌握和运用体育教学理论与方法，更好地掌握体育教学的基本规律和方法，都具有非常重要的参考意义和具体的实用价值。

2. 掌握与应用教学理论与方法，合理运用教学方法组织与实施教学活动。体育教学理论与方法是一门实用性较强的课程，它是在教育学、体育课程论、体育课程教学实践的有关理论与方法基础上，针对体育课程的具体实情所进行归纳与总结的一门应用性学科。体育教学理论与方法的实用性主要表现在为学生提供系统教学理论、方法的同时，还为学生提供许多具体的教学活动实例分析，包括学生学习的理论与方法等都做了大量的实例分析和论证，掌握、运用体育教学理论与方法有利于提高体育教师和体育教育专业的学生的职业技能，提高体育课程教学质量。

（二）学习体育教学理论与方法的注意事项

1. 学以致用，带着问题学习，结合体育课程教学实践进行学习。体育教师和体育教育专业学生在学习体育教学理论与方法时，要根据体育课程教学实践，带

着问题进行学习,通过老师的指导与帮助,最后寻找出解决问题的方法,从而提高学习的质量,提高自己从事体育课程教学的职业技能和培养发现问题和思辨、解决问题的能力。

在学习体育教学理论与方法的过程中,结合体育课程教学实践进行学习,将体育教学理论与方法所论述的基本概念、原理及其方法的学习与课程教学实践活动紧密地结合起来。学习体育课程教学理论与实践的过程中,根据体育教学理论与方法精选的体育教学范例阐述与分析,让体育教师和体育教育专业学生通过学习该课程的过程,能够清楚地掌握、运用体育课程教学的基本理论与方法进行体育课堂教学。

2.注意掌握基本概念、基本原理和方法,结合体育教学实践进行学习。在学习体育教学理论与方法时要注重理解与运用基本概念和基本原理。基本概念是体育课程教学理论与实践课程的知识要点,基本原理是构成体育课程教学理论与实践的基本内容和组合板块。体育教学理论与方法是实用的教学科学。通过对课程教学理论的学习,观看优质示范课,上公开课、参加教学实习等活动获得对体育教学实践活动的感性认识,加深对体育课程教学中所出现问题的理解与联想。通过创设典型的教学情境进行学习,将教学理论、方法的学习与教学实践活动进行有机结合,注重职业技能的培养,促进教学能力的提高和发展。

(三)学习体育课程与教学论的目标

在高等师范院校体育教育专业开设体育课程与教学论课程,学习该课程的目标任务是:使高师院校学生在学习教育学、心理学的基础之上,进一步比较系统地掌握体育课程与教学论的基础知识、基础理论,体育教学的基本技能和基本方法。以一名合格的中小学体育教师的身份来看体育课程与教学论的课程目标,可以具体分解为以下方面,并在这些方面让学生得到统一和谐发展。

1.体育课程与教学论基础知识方面。(1)了解体育课程的基础知识、新课程理念,掌握中小学体育课程目标,学习用新课程的理念和课程目标指导与评价自己的学习与教学实践。(2)初步掌握中小学体育课程的知识内容和结构体系。(3)初步掌握中小学体育学科特点与教学特点,以及学习该门学科的态度和方法,能从体育学科特点出发指导自己的学习与组织教学。(4)认识与理解体育教学的一般原理与规律,学习体育教学的一般原理与规律指导自己的学习与教学实践。(5)初步掌握体育教学的常用方法与主要模式,选择和使用体育教学方法与模式于教学实践中。(6)了解现代先进的学习理论,能用现代学习理论指导自己的学习和教学实践。

2.体育教学基本技能方面。(1)掌握体育课堂教学的基本知识和技能,组织自主学习等课堂教学片的基本技能。（2）熟练掌握体育教学设计和教学方法以及各种体育教学策略。（3）掌握体育教学的组织以及教学手段的运用，能熟练地运用现代教育技术等辅助体育教学。

3. 体育教学、课程开发及教学研究能力方面。（1）能初步分析教材，设计教案，预设教学过程。（2）能初步运用课堂教学技能，组织与管理课堂教学。（3）能分析运用先进的教育思想和教学理论，掌握基础教育课程改革的理念，指导课堂教学"一对一"。（4）初步学会运用多种教学评价方式实施体育教学评价。（5）初步学会校本课程开发、体育课程与教学资源的开发与利用能力。（6）初步学会选用合适的研究方法，进行体育教与学的初步研究。

4. 体育教师专业情意方面。（1）赞赏体育教师。热爱体育教师职业，树立献身体育教育当作自己的理想。（2）初步养成良好的教师职业道德和职业习惯，具有做一名优秀体育教师的信心。（3）具有乐观向上、不断改革和创新体育教育教学工作的远大志向。

（四）学习体育课程与教学论的方法

体育课程与教学论是一门理论与实践相结合的学科，好的学习方法可以起到事半功倍的效果。掌握基本理论知识、关注体育教学实践、注意拓展学习是学习体育课程与教学论过程中的三个基本方法，但这三个基本方法不是彼此孤立的，而是互相联系、统一于实践之中的。

1. 掌握基本理论知识。理论知识可以帮助我们了解体育课程与教学相关问题的理论框架，体育课程与教学论的理论知识是在实践中反复探索形成的。学习理论知识时，要注意掌握体育学科的基本结构。位于体育学科基本结构体系中的各种概念、原理、方法和价值观，它们构成一个有机整体。

2. 关注体育教学实践。理论知识并非空中楼阁，也不是无源之水，而是从实践的土壤中萌发与生长的，不论是理论知识的学习，还是问题的发现与探究，都应该以关注实践为根本指导思想。因此，只有充分关注体育教学实践，才能使体育课程与教学理论融会贯通，并在实践的检验中得到不断发展。

3. 注意拓展学习。阅读母学科相关的名著，课程与教学论是体育课程与教学论的母学科。这些名著产生于特定的时代和历史背景，必然会留下时代发展的痕迹。体育课程与教学的问题是与本国的政治、经济、文化等有着密切联系的，有着自己的特色，但并不能为此而拒绝了解国内外有关体育课程与教学问题的现实状况。

第二节　高校体育课程与教学目标

一、体育课程与教学目标概述

体育课程与教学目标是体育教学理论中的核心内容之一，集中体现人们对体育课程开发与体育教学设计中的教育价值的理解，是教育目的在体育课程中的具体化。

（一）体育课程目标与体育教学目标的意义

1. 体育课程目标和体育教学目标意义。体育课程目标和体育教学目标是体育课程和体育教学理论与实践中非常重要的问题。体育课程目标是指在一定的教育阶段，体育课程力图促进学生身心发展所要达到的预期程度或标准。标准功能是指体育课程目标对体育课程的检查、评估产生的标准作用。

具体而言，体育课程目标有以下主要作用：第一，为体育课程内容和体育教学方法的选择提供依据。第二，为体育课程与教学活动的组织提供依据，把体育课程组织成什么样的类型，把体育教学组织成什么样的形式，在某种意义上取决于体育课程的目标。第三，为体育课程实施提供依据。体育课程的实施过程就是实现体育课程目标的过程。第四，为体育课程评价提供依据。体育课程目标指向的是体育学习中不同方面的"一般反应模式"，体育教学目标则指向体育教学过程中的具体行为方式。体育教学目标是指体育教学主体预先确定的、在具体体育教学活动中所要达到的、利用现在技术手段可以测量的教学结果。体育教学目标是课程目标的进一步具体化，并由教师根据有关教育法规、《课程标准》和各方面实际情况制订，是指导教学活动设计、实施和评价的基本依据，对教学活动具有导向、指引、操作、调控、测评等功能。教学目标通常在"单元"或"课"的教学计划（方案）中按照课程目标方面分别陈述。

2. 体育课程目标与体育教学目标的关系。在学校具体的教育实践中，课程和教学是学校教育的两个重要组成部分，也是不可分割的两个部分。体育课程目标与体育教学目标并不是相同的，它们之间既有联系，又有区别。体育课程目标和体育教学目标的联系：第一，相对于各级各类学校培养目标和学校体育目标而言，体育课程目标和体育教学目标都是子目标，体育教学目标的制订与体育课程目标的制订都必须以学校培养目标和学校体育目标为依据。第二，体育课程目标与体育教学目标之间有着纵、横两个方面的联系。体育课程目标的实现有赖于体育教学目标的实现，或者说体育课程目标是确定体育教学目标的重要依据。第三，体育课程目标和体育教学目标之间有一个衔接点，这个衔接点就是体育课程的水平目标和体育教学的学年教学目标。学年体育教学目标实现了，体育课程的水平目标也就实现了。

二、体育课程与教学目标的结构与制定

（一）体育课程目标的结构

体育课程目标是有层次结构的，不同的层次结构发挥着不同的功能。对同一层次的目标而言，还存在着不同学习方面和学习水平的区分。

1. 体育课程目标的纵向层次。体育课程目标在垂直向度上具有层次性、线性、累积性的特点。有的学者认为，根据课程目标的不同层次关系，可以依次将课程目标区分为以下不同的层次：课程的总体目标——教育目的；课程的总体目标的具体化——培养目标；学科领域的课程目标；学科领域的课程目标的具体化——教学目标。像一个金字塔顶层目标是抽象的、整体的、普遍性的目标，底层目标是具体的、分化的、特殊的课程目标，数目繁多，底层目标逐步达成之后，课程总目标也就得以达成。体育课程目标体系由体育课程的总目标、体育课程的学习方面目标、体育课程的水平目标和体育教学目标四个纵向层次构成。

体育课程的总目标面向某个教育阶段的全体学生，是特定教育阶段大多数学生通过自己的努力都能够达成的体育学习目标。学习方面目标是指期望各个学习方面达到的相应水平。如我国全日制义务教育《体育与健康课程标准》改变了传统的按运动项目划分课程内容和安排教学时数的框架，拓宽了课程学习的内容，将课程学习内容划分为运动参与、运动技能、身体健康和社会适应五个学习方面。

体育课程的水平目标。体育课程的水平目标是指不同年龄（学段）学生在各个学习方面中预期达到的相应水平。体育课程水平目标目的是在一定的阶段内，更好地加大教材内容的弹性，以满足学生、学校的不同特点、条件及实际需要。新中国成立以来我国传统体育教学大纲中对学段的划分基本上采用的是小学、初中、高中、大学四段法。新的课程标准则把小学阶段进一步划分为三个水平：水平一（一年级至二年级）、水平二（三年级至四年级）、水平三（五年级至六年级）。每个水平规定了相应的教学目标，其他学段的学生也可以将高一级水平目标作为本阶段学习的发展性学习目标。

体育教学目标。尽管学科领域的课程目标有细化和可操作性的趋势，但仍然是总体性的或阶段性的一般目标作为一期的某一教学单元以至某一节体育课，通常称为单元或课的教学目标。体育教学目标实际上是体育课程目标的延伸，包含在体育课程目标体系之中，是体育课程目标体系中不可缺少的重要组成部分。这

一层次的目标通常分析到操作化的程度，往往与具体的情境联系在一起，对体现较抽象的课程目标的结果给予明确的界定。体育教学目标由学年（学期）体育教学目标、单元体育教学目标、课时体育教学目标构成其基本结构。

2. 体育课程目标的横向关系。课程目标的横向关系实质反映了各种目标的区分及其相互关系。像教育目标这一层次上，我国通常用德、智、体或德、智、体、美、劳来划分目标领域。无论怎样划分目标领域，各领域对总的目标来说都应当具备逻辑上的合理性，他们彼此之间的相互关系虽然可能是并列和平行的，但它们之间必须是一个相互联系的整体。

3. 体育教学目标的层次。学年体育教学目标、单元体育教学目标、课时体育教学目标建构了体育教学目标体系的纵向系列。上位目标与下位目标相互呼应、彼此衔接，在体育教学活动中引导着学生的发展方向。

学年体育教学目标是根据"学段体育教学目标"确定的，是对该学段内每个学年体育教学活动的分解与不同要求。学年（学期）体育教学目标，在性质上属于计划性的，通常根据体育课程的总目标和水平目标的要求、各个学校的实际、学生的兴趣与爱好及体育课程内容的特点等来制订，一般出现在学校的体育教学计划中。

单元体育教学目标。单元是指"各门课程教学中相对完整的划分单位，反映着课程编制者或教师对一门课程及其概念体系结构的总的看法。单元体育教学目标就是"年级体育教学目标"和学期教学的分配计划。单元体育教学目标，主要依托各个体育课程内容，如某个运动项目的特性来制订，即不同体育课程内容的不同价值、功能、特点等，决定了其教学目标也是不同的。

课时体育教学目标，也称为体育课堂教学目标，在性质上属于操作性的，是最微观层面的体育教学目标。课时体育教学目标，是由每堂体育课具体的教学内容以及学生具体的学习特点和需要所决定的，同时还要考虑一堂体育课的具体教学时空情境和条件（或具体的体育教学环境）等因素，其体现在体育教师的教案中。体育教学目标是一所学校在确定体育课程实施方案并制订单元为基础的全年教学计划以后，由任课教师制订的，是教师制订学段体育教学目标、学年（学期）体育教学计划、单元计划和课时计划的根据。其实一堂课是最基本的教学单位，却不一定是一个完整的基本教学单位，因为一堂课不能把一个教学系列完整地教给学生，有时只完成其中一部分。现代教学理论对学生的认知性学习越来越被重视，而作为认知性学习基础的发现式学习法或假说验证式学习法都是一个较长的学习过程。因此，我们认为单元教学的改革是现阶段我国体育教学改革的重要突破之一，在改革的新形势下我们应当更为重视单元教学计划的构建和单元教学目标的制订。

（二）体育课程目标的制订

1. 体育教学目标制订的依据。学校体育的功能影响着体育教学目标维度的确定、体育教学目标的制订。

应突出其增强体质、促进身心健康、发展体能的本质功能。随着对学校体育多向功能的挖掘，教学目标的维度也将趋向多元化。学校体育目标体现了我国的教育、体育有关方针和政策的根本精神，是制订体育教学目标的重要依据。每一上位目标都是其下位各层次目标的累积，每一下位目标必是其上位目标的细化，因此，制订教学目标时，应以其上位目标，包括学校体育目标为依据。体育教学目标的制订必须立足于对教学内容的认真分析，确定教学的重点和难点为建立体育教学目标奠定基础。体育教学的对象是学生、体育教育目标必须根据青少年生长发育的不同阶段、不同时期身心发展的特点及规律提出相应的目标。需要说明的是，目标的制订在考虑学生群体的特征时，还应充分考虑学生个体的差异性，使每个学生得到充分发展。教学条件是制约体育教学目标实现的重要因素。当前，各级各类学校、城市与乡镇学校，甚至同一地区的不同学校，条件都千差万别，发展不平衡。制订体育教学目标时，必须从实际出发充分考虑学校的客观条件，以便使所设计的目标更符合实际，更具有可行性。

2. 体育教学目标制订的原则。体育教学目标是由若干个具体目标组成的完整系统，各层次目标之间构成一个有机的网络，它们纵横有序。这样纵横连贯的制订体育教学目标，才能保证体育教学的终极目标及其教育目的的实现和学校体育目的的要求。体育教学目标的科学性体现在：体育学科的特点、要全面包括各个学习方面、根据教材的特点，突出重点和难点、具体、明确、可操作、难度要适中等五个方面。体育教学目标可以由师生根据体育教学实际情况灵活制订，其内容和水平可以有一定的弹性。灵活性的体育教学目标可以更好地适应学生的学习特点，使其通过体育教学目标的实现而获得身心方面更有利的发展。体育教学目标是对体育教学过程中学生身心发展状况的明确、具体、恰当的描述，而这种内心发展的状态是利用现有技术手段可以进行定性或定量测量的，称为可测性原则。发展性原则。体育教学的效果最终要落实并体现到学生的身上。体育教学目标的制订，要着眼于学生现有的发展水平和学习需要，获得健康完满的生活，并有能力从事终身体育，可称为发展性原则。

3. 体育教学目标制订的要求。要反映体育教学的发展趋势，从实际出发，考虑需要与可能。全面准确地掌握学校体育教学内部与外部条件及环境，将需要与可能结合起来，才能制定出科学的体育教学目标。制订体育教学目标时要系统把握，整体协调与衔接。体育教学目标应具有整体性、注意不同层次和序列体育教学目标的协调与衔接。体育教学目标只有形成一个纵横连接的网络系统，才能充分发挥体育教学目标的系统功能。制订体育教学目标时，体育教学目标的表述力要明确、具体，尽可能量化。有利于加强体育教学工作的计划性，为体育教学实施，特别是检查与评价体育教学工作奠定基础。体育教学目标必须分解成细致的操作目标，才可使教学目标的要求落到实处。所以，体育教学目标的细目分解直接关系到体育教学效果的优化和体育教学质量的提高，每个体育教师都应该具备细目分解的能力。体育教学目标要有一定的弹性。体育教学目标受多种因素的影响制约，而诸多因素都在不断变化保持体育教学目标的稳定性是相对的，而体育教学目标的发展、变化是绝对的。

第三节 高校体育教学价值观与目标思考

一、高校体育教学价值观概述

从一定的角度来说，体育的历史就是体育观不断变革的历史。体育是什么？体育对个人和社会的发展有什么意义？对此问题的看法就是体育价值观。

（一）关于体育价值观的基本认识

体育价值观表现在对体育总体价值的认识。有人认为身体运动是下等人的活动，我国汉代就曾主张文武分治、文武分途。近现代对体育价值的认识已逐渐趋于一致，毛泽东主席也非常重视体育的价值，积极主张从事体育并身体力行。随着时代的发展、社会的进步，当代体育的价值观已由逐步表现出统一性，分歧转移到了对体育价值的具体选择上。

1. 体育的发展过程是对体育价值的认识逐步深化的过程。它的发展历程与体育功能的扩展和对体育价值的认识的逐步深化总是紧密联系在一起的。从心理学的角度考察，人的所有行为的产生都有其心理依据，而需要是诱发动机和产生行为的动因。在古代，人类最开始的需要如果按照马斯洛的需要层次论划分的话，都是处于低层次的需要。因此，人们为了改善生存和生活条件，就必须传授和提高这些技能，这时体育的价值就开始显现出来，由此可见，体育的产生与体育的价值是密切相关的。

社会化程度的提高扩充了体育的价值。随着历史的进步、社会化程度的提高，人们的需要逐渐从低层次向中等层次发展。在满足这些需要的过程中，体育始终扮演着非常积极的角色，展现了它特有的价值。在几千年的中国历史中，虽然体育的发展也遭受过一些挫折，但它总是以其特有的魅力而保持着持续发展的势头。汉代末年，名医华佗还根据人体经络和血脉流通的机理，模仿虎、鹿、熊、猿、鸟的动作，创编了五禽戏，把医学和体育有机地结合起来，充分体现了体育保健和健身祛病的价值，进一步扩充了体育的价值。

社会文明程度的提高，使体育价值得到了更充分的体现。当人类进入现代社会后，随着社会文明程度的提高，人们在工作中减少了身体活动，体力劳动强度降低，脑力劳动强度提高，许多"文明病"应运而生。为了适应社会的竞争，提高生活质量，人们的体能需要保持，绷紧的神经需要松弛，所有这一切都可以借助体育得到解决。

两种体育价值观的比较：体育的变革在很大程度上都是体育价值取向的调整。这两种价值观都承认以体育运动作为手段，可以实现体育的直接目标和间接目标。它们的主要分歧是：价值取向侧重于社会目标，还是满足行为主体的需要。

手段论价值观和目的论价值观的价值取向。手段论价值观认为：运动的目的是以运动为手段来培养社会所需要的人才，体育教学必须根据国家提出教学目标的需要来确定教学内容和设计体育方法体系，其价值取向的重点是因国家需要而规定的社会目标。目的论体育观认为：运动的目的在于运动自身和以运动为手段，使作为运动主体的人得到满足。因此，在教学中就必须根据学生的需要提出教学目标，确定教学内容和设计体育方法体系，使教学手段与教学目标相一致，教学目标与主体需求相统一，这与当前教育界提倡的素质教育思想是吻合的。

手段论价值观和目的论价值观基本内涵的比较。手段论价值观和目的论价值观的主要分歧在价值的取向上，其焦点是在于侧重满足社会需要，还是满足作为行为主体的学生的需要。在行为主体的地位上，两种价值观也有所不同。目的论价值观认为：学生是体育教学活动的行为主体，教学活动要以满足学生的需求为目的。

在个体的发展方向上，两种价值观存在着类似于科学主义教育思想和人文主义教育思想的差别。手段论体育观关注的是运动技能的掌握和合理的运动负荷的影响。而目的论价值观恰恰涵盖了手段论价值观所忽略的范畴，不反对掌握适宜的运动技术、技能和承受合理的运动负荷。

在教学内容的选择上，手段论价值观强调的是体育内容自身的逻辑关系，奉行按部就班，讲究全面系统、整齐划一。目的论价值观在教学内容体系的构建上，主要是从学生的学习需求出发，根据学生实际和教学目标选择教学内容。

在课程结构上，因为手段论价值观追求运动技术的掌握和技能的形成，强调合理的运动负荷，所以课程结构比较固定，组成课程的各个部分比较规范。而目的论价值观在学生掌握知识技能的基础上，重视态度和情意的培养。

体育价值观的选择。体育作为教育的一个组成部分，它的价值观的选择要受到教育思想的指导和约束。根据素质教育的内涵，在体育教学要求上，我们应该如何做呢？（1）要面向全体学生，使所有的学生的健康水平都能够得到提高、身心素质得到发展。（2）突出全面性。（3）突出主体性。给学生更大的活动空间，使之在兴趣爱好的培养、人格的完善、特长的发展等方面拥有充分的主动性，真正发挥他们的主体作用。（4）要突出发展性。奠定身心健康发展的基础，形成终身体育的能力。

从素质教育对体育的要求，我们不难看出，目的论价值观与素质论教育观更为吻合，这是我们今后学校体育的正确方向。

（二）体育教学的基本价值内涵

1. 从知识形态的转化来看体育教学的基本价值。通过教学活动使学生获得了他人总结的知识，这是古今中外一切教学活动的共同特征，也是实现其他教学价值的基础。这都需要教师根据学生的实际去挖掘、剖析，使之进一步升华。

2. 从教学的功能看体育教学的基本价值。体育教学的功能主要体现在两个方面：一是继承的功能。二是有效地促进学生身心的发展，具有发展功能。赞科夫认为："所谓一般发展，就是不仅发展学生的智力，而且发展情感、意志品质、性格和集体主义思想。"从教学的功能来看，体育教学的基本价值在于使学生获得知识、发展能力、形成良好的品格结构和掌握科学有效的方法。

3. 从素质的构成看体育教学的基本价值。构建学生相对完备的素质结构，是教学活动最根本的价值。有人把人才素质归结为德、识、才、学、体五个方面。其实，上述方面都不是孤立存在的，它们相互之间有着互相渗透、甚至互相包容的关系，有些甚至互为条件，它们组成的基本因素归根结底还是知识、能力、品格和方法几个方面。体育教学作为一个发展身体、增强体质、传授锻炼身体的知识、技能、技术，培养道德和意志品质的教育过程，它在学生素质构建中除了具有其他教学活动共有的功能外，还为学生科学锻炼身体提供理论和方法的指导，使其增强体质、提高健康水平，是其他学科所不能替代的。因此，体育教学对于学生素质构建的价值也是非常重要的。

（三）现代体育教学价值的形成特点

体育教学能对人的生存、生活、发展和社会进步产生积极的影响，这是体育教学的价值所在，这些因素互相联系、互为条件，在体育教学过程中转化为过程价值，在教学结束后凝结成终极价值，从而使体育教学的价值得到完整的体现。

1. 体育教学价值的形成规律及内部关系。体育教学价值的形成规律实质上就是体育教学活动的规律，即体育教学过程中内在的本质联系。在这个过程中，学习必要的体育知识，树立正确的体育态度是形成教学价值的基础，它是通过认知来实现的。具备基本的体育能力是形成教学价值的重点，它是终身体育的基本条件，它的实现过程是一个有目的、有计划地培养过程，能力价值的实现有利于学生有效地进行自我锻炼，以促进身心的不断完善。体育教学的另一个重要价值是道德品质的养成和情意的发展，它的实现是一个潜移默化的过程。思想品德的养成和情意的发展，有助于前几项价值的实现，也有利于健康心理的形成。它们之间既有联系，又各有侧重，它们有机地协同和复合，才能促进体育教学价值的完整实现。

2. 体育教学价值的形成过程与特征。从体育教学的特点来看，体育教学的价值可以分为过程价值和终极价值。过程价值以终极价值为指导，而终极价值则是过程价值的集中表现。

体育教学的过程价值的形成。体育知识是一种复合形态的知识，许多体育知识的获得，必须通过感性的体验来予以验证和强化，因此，体育知识价值的实现依赖于讲授和实践的紧密配合。方法价值具有手段的特征，从体育教学价值实现的主体——学生的角度来看，它主要侧重于学习方法和身体锻炼方法。学法是在教师的指导下，由学生根据主体需要、主体特征、主体认知特点去认识事物的途径。思想品德价值是体育教学的重要价值之一，它与其他各科教学具有共同的价值取向，都是为了个体的社会化提供明确的指导。品质的形成需要主体认识、情感意志和行为三个方面的协同发展。综上所述，体育教学的过程价值是体育知识的认知、体育能力的培养、体育方法的训练和良好品质的养成。

体育教学的终极价值的实现。体育教学的终极价值是通过体育教学的过程价值的升华而实现的，它主要体现为掌握体育知识技能，树立终身体育观念，为终身体育打好基础，完善人格个性，发展身心素质，提高健康水平，能与社会所需人才的相关素质结构相适应。因此，教师必须树立正确的体育教学思想和终极价值观念，并采用合理的教学设计，把价值观念融合在教学指导思想的教学行为之中，通过教学过程价值的形成，最终凝结成终极价值，以满足自身和社会发展的需要。

体育教学过程是一个体育教学价值凝结的过程，也是一个人才的相关素质形成的过程。体育教学最高的价值就在于共建良好的人才素质结构，这是体育教学最根本的价值观。这既是一个促进学生身心发展、提高健康水平、满足学生和社会需要的过程，也是一个为学生和社会的进一步发展奠定基础的过程，因此，体育教学的价值也在促进学生身心发展方面具有双向促进作用。

二、高校体育教学目标的结构与制订

(一) 高校体育教学目标的结构

1. 体育教学目标与体育学科功能、价值的关系。

体育学科的多功能。功能取决于事物的性质和特点，同理，体育学科的功能来自体育学科自身所具有的性质和特点。

体育学科的价值。由于体育学科具有多样的功能和特征，使得体育学科具有了多方面价值取向，亦即多样性。虽然体育学科的功能是相对稳定的，但在不同的历史背景下和不同的国度中，体育学科的各个功能被不同程度地加以利用，体育学科被赋予各种各样的价值，此时，体育学科有些功能可能被忽视，这方面的价值也难以实现。

当然，人们在注重追求某种体育功能并努力实现某种体育价值时，也并不是绝对单一的，在多数情况下，人们是同时追求几种体育的功能，只不过是更注重、更强调某个功能而已。

体育教学的目标。不同时代的体育教育都有着独特的目标体系，这些目标是当时的社会对体育价值取向的具体化，也是对体育功能及重要性的认识。所以，无论是哪种体育形态，其体育教学的目标通常都不是一个，一般说来，从体育教学的第一目标的设定就可以大致看出该体育形态的价值取向，当然目标顺序与价值取向不完全吻合的例外也有。

2. 体育教学目标、体育学科的功能及价值之间的关系。功能是一个事物固有的、客观的属性；而价值是外赋的、主观的属性；目标则是根据功能进行价值取向后的行为效果指向。功能是事物固有的和客观的属性，而价值是外赋的和主观的属性，也就是说，一个事物即使具有这个功能，而人们如果没有看上这个功能，也不会把这个功能的实现作为目标；相反，一个事物不具有这个功能，即使人们非常希望通过这个事物实现这个功能，也是无济于事的。体育学科的功能不会有大的改变，但不同的社会和不同的历史阶段会有不同的体育价值取向，因此体育教学的目标会随着社会的变化与发展产生相应的变化。

3. 体育教学目标的外部特征。体育教学目标的外部特征是：属于体育教学目标内容以外的、但对体育教学目标内容具有规定性的那些特点及其标志。首先，体育教学目标是由多个层次的目标组成。所谓体育教学目标的功能与特性，是指各个层次的体育教学目标都有其独特的"功能"和"特性"。如果不明确各层目标的功能与特性，这层目标就会与其他层目标相混淆。我们也可以把"目标的功能与特性"理解为"目标的定位"或"目标的个性"。各层体育教学目标有着各自要解决的问题，因此各层的目标就有自己独自的"着眼点"，就是"围绕着什么来看目标"和"围绕着什么来写目标"的视角。学段体育教学目标面临许多的运动教材，因此不可能围绕某一个运动技能来写。单元体育教学目标是学段目标的下位目标，它也不可能围绕学段的发展来写目标，而它面临最清晰的对象是"在这个单元中，利用这个运动教材应该发展学生什么，能发展学生什么"。

4. 合理制订体育教学目标的意义。合理制订体育教学目标的意义主要体现在以下几个方面：（1）充分发挥体育学科教学的功能。只有合理地制订了体育教学目标，才能明确要实现哪些体育教学的功能。如果乱订体育教学目标就不能充分发挥体育教学的功能，使目标偏离了体育教学的基本功能，因此也就无法发挥好体育教学的主要功能，使得体育教学的质量大为下降。（2）保障实现体育的教学目的。只有合理地制订了体育教学目标，才能稳妥地实现体育教学的目的。如使学生的体格强健是健身目的的标志；使学生每个单元每节课都能愉悦身心是促进学生运动参与的标志等等，因此说，体育教学目标是体育教学目的实现的标志。（3）确保层层目标衔接，最终实现总目标。如果错定了阶段体育教学目标，就使得阶段体育教学目标的总和不能等于总的体育教学目标，那么就意味着总的教学目标没有完成。正确地制订好各个层次的教学目标，是最终实现总目标的可靠保证。（4）明确和落实体育的教学任务。体育教学目标决定着具体的体育教学任务。因此，要有具体的体育教学任务来支撑目标的实现。好的目标有助于明确教学任务，体育教学目标是"的"，体育教学任务是"矢"，有了明确的目标，教学的任务才能"有的放矢"。（5）指引、激励教师的"教"与学生的"学"目标反映了人的愿望和努力方向。虽然体育教学目标并不完全是由任课教师和上课学生群体制订的，但合理的体育教学目标必定充分反映着教师的努力方向和学生的学习愿望。有一套科学合理的体育教学目标必定可以指引教师的工作，必定可以激励学生学习。

体育教学目标为教师指明了体育教学工作的预期成果，使他们清楚地知道自己工作的努力方向。在体育教学目标实现的过程中还会使教师受到鼓舞，实现过程中的困难也会促使教师去发现和解决问题，所以明确、具体而切实可行的教学目标，可以指引教师努力地工作。学习目标的不断实现会使学生受到鼓舞，实现过程中的困难也会使学生受到鞭策，明确、具体而切实可行的教学目标可以激励学生努力地学习。

（二）高校体育教学目标的创新发展

1. 中国体育教学目标系统的发展。多年来，可以说中国一直只有比较笼统的、指令性的"体育教学目的"，衡量体育教学质量也一直是依据《体育教学大纲》的要求进行的,各学段和各年级的教学任务也分不出阶段的层次。因此2000年以前的《体育教学大纲》以及《普通高等学校体育课程教学指导纲要》等教学文件中的目的和任务对体育教学的指导意义不强。归纳过去的体育教学目标系统的问题主要表现在以下几方面:(1)体育教学目的的表述不明确。(2)技能掌握和身体锻炼的教学任务不甚清楚。(3)各级学校的体育教学目的和任务之间的衔接不好,明显存在着体育教学目标的区分度不高的问题。(4)各级各类学校的体育教学目的和任务的重点不明确和缺乏特色。

中国体育教学目标系统发展始终面临的另一个问题就是怎样完成社会对体育教学的期待和要求。五十多年来,中国体育教学目标系统基本上反映出中国社会发展和学生个人发展对体育的要求。如何不断将时代对教育和体育的内在要求包容在体育教育目标中,是中国体育教学目标系统亟待研究的课题。

2. 中国体育教学目标系统的完善。自20世纪90年代后期以来,中国对体育课程进行了大幅度的改革,2001年教育部陆续制订颁发了《普通高等学校体育课程教学指导纲要》和《全国中职学校体育教学指导纲要》等一系列文件。根据国家教育改革的总体要求,中国大中小学的体育教育逐步向体育与健康教育转轨。体育教学体系涉及了体能、知识、技能、兴趣、爱好、习惯、心理、交往合作、生活方式、生活态度等诸多方面的教育目标,并将各个教育目标分为五个领域,分出层次。中国新一轮的体育课程和教学改革,为重新思考和建立中国体育教学目标系统提出了要求并开辟了道路。新课标的目标方案中必然地存在一些不足,也面临着新的课题。

科学的体育教学目标系统的确立,必须遵循体育和教育的自身规律,要以"体"为对象,以"育"为目的,以"身体锻炼"为特征。符合体育的特质和内在价规律的体育教学目标系统,才会有助于形成对人产生价值和教育影响的体育教学,才能体现体育文化与教育的完美结合。可以预见,有关中国体育教学目标系统的研究必将随着新的体育教学改革,随着体育教学基础理论的不断完善而更加深入。教学目标朝着更具时代特征,更反映社会要求、更体现目标特点、更能指导教学实践的方向发展,是未来中国学校体育教学目标系统不断努力的方向。

第四节 高校体育教学内容结构体系的构建

一、高校体育教学内容体系构建

体育教学内容是体育教学大纲规定的学习范围。我国体育教学内容包含理论和实践两部分。教材是一个知识技能体系,是联系教师和学生的中介,是学生主要的知识来源，也是学生身心发展的基础。从小学、中学到大学，教学内容均以体操、田径、篮球、排球、足球、武术、舞蹈、游泳、滑冰等动作项目为主体，尤其是田径和体操比重最大，这就是我们实践教材选择的基本范围。但事实却是这样的局面：到了大学，许多基本的运动技术没学好，身心发展目标的达成也受到影响；既不能满足社会主体的需要，也不能满足学生主体的需要。当然这些问题的存在不是说运动项目不能作为体育教学内容，任何时候这些竞技项目都是我们体育教学中的重要内容，关键是整个教学内容体系应该有一个合理的结构，这个结构要贴近社会和生活，符合学生的身心发展特点。因此，研究教学内容结构体系建立的理论，探讨体育教材选择的依据，对提升体育教学效果是十分必要的。

（一）体育教学内容的结构特征

体育教学内容的结构是指体育教学中特定的内容之间的分工配合。它必须既能满足社会的需要，又能满足作为教学主体的学生的需要。换句话说，就是学生对能满足自己需要的教学内容才能产生兴趣。因此，教学内容的优化组合是体育教学内容结构中的关键，而社会需要是社会对教育目标的要求。社会需要和学生主体需要具有统一性，但它们在满足的层次上、时间顺序上是不一致的，我们必须把握体育教学内容结构的基本特征。

1.体育教学内容结构的目的性。体育教学内容结构具有明显的主观目的性：当客观的需要和主观目的相一致时，所建立的体育教学内容结构才是合理的。首先，在不同的学习阶段，学生对体育教学内容的需要是不一致的。其次，体育教学的内容结构要有利于学生形成合理的认识结构、技术技能结构、能力结构和体育方法结构。例如在小学阶段，由于体育教学的目标主要是提起学生对体育的兴趣，发展他们的基本活动能力，培养自尊心和自信心，进行团队精神的熏陶。让他们在学习过程中去感受体育的乐趣，在集体练习中培养协作精神，在完成练习中树立自信。进入中学以后，体育教学目标提高了，侧重点有所改变，这时的教学内容结构就需要相应地进行调整。

2.体育教学内容结构的联系性。体育知识和运动技能的种类是极其丰富的，任何体育教学内容结构都只能包含其中的一部分。通过这些内容的教学，可以有效地扩大知识范围，打下良好的体育运动技术技能基础并建立良好的能力结构，为学生进一步的发展创造条件。体育教学内容结构的联系性表现在以下方面：

（1）具有横向特点的广泛性。学生身心的发展要求是全方位的，既包括保健、营养、卫生、锻炼原理、竞赛规则等基本知识，又包括促进身体发展的各种运动技术技能和练习方法。（2）具有纵向特点的复合性。体育教学内容要随着学习的进行逐步深化，这是教学的基本规律。但是体育教学目标是多元化的，它的实现依赖于多种教学内容的综合效应。复合性和广泛性的结合，可以提高体育教学内容结构的全面性和协同性，教学内容的广博性和教学内容之间的联系性对于学生创造性的发展也是非常有利的。

3. 体育教学内容结构的相容性。体育教学内容结构的相容性表现在体育教学内容结构内部相互渗透、彼此贯通。作为一个知识结构，体育教学内容结构应该是纵向联系、横向相关的，这种结构内部互相关联的特性，必然要求不同的内容之间彼此相容。体育教学内容结构的相容性使教学内容的选择具有更大的灵活性，体育知识技能具有更强的综合性。

4. 体育教学内容结构的动态性。体育教学内容结构要跟上体育科学的发展步伐，符合社会发展的需要，就必须具有动态性。这些新的知识必然要及时在体育内容结构中反映出来。社会对人才素质的要求是不断变化的，例如，现代社会的快节奏、高竞争性的特点，对人才的竞争力、创造力和良好的心理素质有了更高的要求。因此，体育内容结构总是处在一个动态的变化之中。

5. 体育教学内容结构的实践性。体育教学内容以实践为主，这是体育的本质属性所决定的。活动性内容应以在实践过程中对身心健康水平的良性影响为依据，换句话说，就是要考虑它对体育教学目标的贡献。使之既能产生教学内容体制改革具有的个别优势，又能形成多种内容结合而成的结构优势。

（二）体育教学内容选择的原则

体育教学内容非常丰富，而真正作为教学内容的，仅仅是其中的一部分。我们应该遵循以下原则：

1. 实践性和知识性相结合的原则。实践性和知识性相结合是由体育的本质属性所决定的。通过实践，要使身体的大肌肉群得到活动，各内脏器官系统得到锻炼，同时体验到体育的乐趣，这些都是以体育教学内容作为媒介来实现的。知识性主要体现在为什么做、怎么做和为什么要这样做上，这固然要通过基础理论内容来讲授，但更多的是在实践中体验、理解，通过运用来强化。体育教学内容发挥的作用就是将实践与知识连接起来。

2. 健身性和文化性相结合的原则。健身性是体育教学区别于其他教学的显著特点。文化是人类认识世界、改造世界和适应环境的产物。健身性和文化性相结合，就是体育教学内容既具有良好的健身价值，又具有丰富的体育文化内涵。

3. 民族性和世界性相结合。体育的形式和内容总是与一些国家或地区的民族文化传统和民族习俗有关的。例如，我国的武术、日本的柔道、希腊的马拉松、欧洲的击剑等，无不具有鲜明的民族色彩。体育教学内容仅强调民族性是不够的，任何民族，无论多么优秀，在发展过程中总会受到来自方方面面、形形色色因素的约束，总会具有一定的片面性。因此，体育教学内容必须体现出民族性和世界性相结合，既要在保留优秀的民族体育内容的基础上，又要充分吸取来自世界各民族的优秀体育内容，将它们融合在一起，使之形成一个优势互补、功能齐全的体育教学内容体系。

4. 继承性和发展性相结合。继承优秀的传统文化是教学的重要功能。体育教学内容的选择无疑是要吸收我国历史悠久的传统体育内容，这就是体育教学内容的继承性特点。文化的继承是有选择的、批判性的，对于传统体育内容，我们在有选择继承的基础上进一步丰富其内涵，在保留其原有特点和精华的前提下剔除那些不健康的东西，使其更具有时代气息，这就是体育的发展性特点。

5. 统一性和灵活性相结合。体育教学内容要面向全体学生，它必须有基本的要求，有一个相对统一的标准，使体育教学有一个较为规范的目标。我国地域辽阔，各个地区的条件不一致、发展不平衡，教学的相关基础不在同一起点。即使是处于同一个教学阶段的学生，都会表现出明显的不同特点，因此，教学内容必须根据教学条件和学生特点，兼顾统一性和灵活性，才能有利于促进学生身心全面发展。

二、教学内容的特性发展与变革

（一）体育教学内容的特性

1. 体育教学内容与教育内容的共性。由于体育教学内容是教育内容的一个有机部分，因此，它首先具有与教育内容共有的特点，这些特点是：(1) 教育性。体育教学内容的教育性体现在：对学生的身心发展有好处；摒弃了落后的东西，如赌博、伤害性搏斗等；既有冒险性又比较安全；适合于大多数学生；避免过于功利性等五方面的原因。(2) 科学性。由于体育教学内容是在学校进行的有目的有计划的系统的教学内容，因此，需具有很强的科学性。体育教学内容的科学性主要体现在：具有丰富内涵，是人类文化和科学的结晶；科学和文化含量高；内容的编制和教学遵循有关教学内容编制；(3) 系统性。体育教学内容的系统性表现在：体育教学内容本身的系统性，以及根据教育的目标、学生不同年龄阶段的生长发育特点、教学环境和教学条件，认识体育教学内容的内在规律性特点，逻辑地安排各个学校、各个年级的教学内容，并处理好他们之间的相互关系。

2. 体育教学内容的特性。体育教学内容除了在上述三点与其他教育内容具有共性外，还具有它的特性。体育教学内容的特性有：(1) 运动实践性。运动实践性是体育教学内容的最突出的一个特点。体育教学内容与体育实践活动密切相连，受教育者本人必须在从事这种以大肌肉群运动为特点的运动时才可能真正学好这些内容。当然体育教学内容中也有知识和道德培养的内容，但是体育内容中的知识学习和道德培养，也必须是通过运动学习和实践体验，这一点与其他学科的教育内容形成鲜明的对比。（2）娱乐性。体育教学内容来自各种身体活动，而这些身体活动的绝大部分又是来自人的娱乐性运动，所以体育教学内容自然内含着运动的乐趣和娱乐性。体育教学的效果也受到体育教学内容娱乐性的影响，这也是体育教学内容与其他文化课内容的重要区别。（3）健身性。由于体育教学内容中的很大一部分是以大肌肉群的运动为形式的技能学习与练习，体育教学内容的学习就必然会对身体形成一定的运动负荷，参加体育教学内容的学习和练习时，都会对身体产生锻炼的作用。针对这样的情况，在教学实践中有很多追求体育教学内容健身性的努力，如在编制体育教学内容时根据受教育者不同的身心特点将这些健身作用进行科学化的设计和控制、在教学过程中对运动负荷大小进行合理安排等，可以说，体育教学内容的健身性特点是其他教育内容所不具备的。（4）人际交流的开放性。由于体育教学内容多是以集体活动的形式来进行的运动的学习和竞赛，而运动是以位置的变动方式来进行的，因此体育教学内容与其他教育内容相比具有更明显的人际交流的开放性。体育教学内容以这种人际交流的开放性为基础，使得体育教育内容的学习过程中的师生、生生之间的关系更加密切、开放。体育学习中的各种角色变化远远多于其他学科的学习。（5）空间的约定性。体育教学内容还有一个"空间约定性"的特点。这是因为有很多运动是在固定的场地上进行的，甚至是以场地来命名的。由于体育教学内容的空间制约性，使得体育教学内容对场地器材具有很大的依赖性，使得场地、器材、规则本身也成为体育教学内容的重要组成部分。

（二）体育教学内容的发展与变革

1. 体育教学内容的变迁与改革的课题。我们从百年以来的几个历史阶段来看体育教学内容的变迁，可以看出体育教学内容有以下的变化趋势：首先，随着现代竞技体育运动的兴起和普及，正规的竞技体育运动正逐渐代替乡土性的体育教学内容；其次，体育教学内容的数量在减少，但难度有所增加；再次，体育教学内容中的娱乐因素逐渐减少；最后，体育教学内容所需要的运动器材越来越正规化。

由于上述这些变化，使得体育教学内容出现了单调、锻炼性强、要求教学规范化和场地器材条件高的趋势。由此而形成体育教学内容改革与发展的课题是：（1）改变体育教学内容趋于单纯的锻炼和达标相统一的趋势；（2）解决体育教学内容与学生社会体育活动之间的差距；（3）要解决学生因体育教学内容缺乏娱乐因素而不喜欢体育课的问题；（4）要解决与体育教学内容难度有关联的问题；（5）

要解决乡土教学内容的开发不足和体育教学内容民族化的问题。

2. 学生对体育教学内容改革的呼唤。现在，许多学生对体育教学内容有所不满。学生对体育教学内容的意见，概括起来有以下几点：(1) 总体上感觉体育教学内容枯燥。(2) 对生理感受很痛苦的某些教学内容，有强烈的惧怕和反感。(3) 对一些还不能理解教学内容意义，教学形式上又比较枯燥的内容比较反感。(4) 学生对体育教学内容被达标项目所替代的现象很反感。(5) 透过教学内容的单调和平庸学生形成对体育教师的不良印象。(6) 学生对一些运动希望有一个较长时间的学习过程。

3. 体育教学内容改革的方向。从上面的分析可以看出：现在体育教学内容的改革已是体育教学改革的一个最重要的方面，也是当务之急。教学改革应如何进行，朝着哪个方向进行，可以从对过去教学内容的缺陷和新的体育教学理念上来寻求答案。过去的体育教学内容存在以下5个方面的缺陷和不足：(1) 教学内容的设计反映以学生为主体不够。(2) 过去确定体育教学内容时，只考虑到体育教学内容体系的完整性，对开放性和现代性重视不够。学生喜欢的内容由于受到各种条条框框的限制，难以选进教学内容。(3) 确定教学内容的时候，没有处理好统一性和灵活性的问题。(4) 体育教学内容偏多。(5) 体育教学内容规定得过死。体育教学内容没有很好地体现体育教学目标。有学者认为今后体育教学内容的改进有以下几个方面：首先，以学生为本；其次，教学内容弹性更大；再次，明显淡化了竞技技术体系；第四，教学内容更加概括，给教师和学生留出广阔的空间；第五，基本体操删去了大部分体育教学中不常使用的队形和队形变化的内容；最后，增加女生喜爱的韵律体操和舞蹈内容。在过去的体育教学中，体育锻炼的手段和方法限制得比较死，我们选择了一些锻炼手段，让所有的学生都围绕规定的手段进行锻炼。现在的内容设置更多地考虑以学生为主体，进行了弹性的设计。当然，由于场地设施、师资等条件的限制，目前还不可能做到适应每一个学生的需要。"放开"是可供选择，给一个"菜单"进行选择，但菜单再大，也有一个基本范围。

关于预测未来的体育教学内容改革：体育教学内容会更加多样，学生和教师选择体育教学内容的权限更宽，教学内容总体丰富多彩。体育教学内容改革和《学生体质健康标准》的共同进步使体育教学内容摆脱"达标课"的困扰，体育教学内容将真正成为学生喜欢的、并达到身体锻炼目的的真正有用的东西。

3. 体育课程与教材的选用。课程问题是任何一种学校教育的核心问题。这是因为课程集中体现了教育的要求、具体反映了教学内容，而且还是教育质量评估、教学水平评价的重要依据之一。仅从一个角度去评价体育课程，选择体育教材显然是不可取的。我们还应该看到，教材有一个合理的排列组合问题，即纵向组织原则和横行组织原则。教材的选择具有多样性。这种多样性不仅来自学生身心需要的多样性，也来自身体练习的多样性，那种"唯一"或"最好"是不存在的。而且体育对于健康教育内容的科学性、灵活性和多样性，给了体育教师在选用教材时更多的自主权、更大的余地。教材要多样化和具有开放性，要突出重点，不求面面俱到。处理好各水平阶段的纵向衔接与其他学科的横向联系，避免重复，同时注意在继承优秀传统体育文化的基础上吸收现代体育文化。体育教材应突出如下特点。体育与健康教材应突出健身性。健身性是体育的本质属性。体育教材的选择要突出健身性，表现在以下几个方面：（1）要考虑教材的健身价值不同的教材，练习的效果往往是不一样的，同样的教材对不同的对象在效果上也会不同。但是在实际运用中，它对高中生锻炼效果较好，但对小学生却不一定好。因此，教材的选用要根据特定对象进行。（2）要考虑教材对心理的影响。选用的教材要有利于培养学生顽强的意志、健康的个性和积极向上的心理品质。（3）要考虑教材的优化功能。一般情况下，只要合理运用，体育教材都有健身的作用。运用时要争取优选出最具健身效果的教材。有两层含义：其一，要注意教材本身的健康价值；其二，要注意教材搭配所产生的最佳效果。

体育与健康教材要注意文化性。体育是人类所特有的一种社会活动，它具有继承性、民族性、时代性、世界性等文化特征。注意教材的文化性也就是要考虑体育教材的文化特征，即要注意对优秀传统教材的继承，使教材体系更具有时代气息、更加完整；使学生能形成正确的体育价值观念、良好的体育道德和符合时代要求的体育行为规范，实现身心的健康发展。

体育与健康教材要增强娱乐性。体育教学的主要目标是树立终身体育意识和形成终身体育能力。第一，体育教材的娱乐性是引起学生体育兴趣的重要因素。第二，体育教材的娱乐性有利于学生体验到体育运动的乐趣，领略到体育魅力。第三，通过参加具有娱乐性的体育运动，能使学生精神愉悦，有利于缓冲学生的紧张情绪，更好地提高学习效果。

体育与健康教材要具有典型性。体育教学的内容非常丰富，教材不但类别多，同类教材项目也多。因此，我们选择的体育教材应具有典型性。典型性表现在以下三个方面：（1）在能满足达成同一教学目标的各类教材中，选择最有代表性的教材。（2）在达成同一目标的同类教材中，要选择最具代表性的教材。（3）选用的教材在同类教材中，在技术结构或身心发展上具有代表意义。体育教材是学生学习体育知识、提高健康水平、培养终身体育意识和能力的载体。体育教材的实用性表现在以下几个方面：（1）体育教材对于激发学生的体育兴趣、掌握体育知识、培养体育能力、体育方法的训练和身心发展有积极的促进作用。（2）选用的教材在教学中要有适宜的教学条件作保证。使他们乐意将教材内容作为终身锻炼的手段，为其树立终身体育意识和培养终身体育能力奠定良好的基础。（3）选用的教材对于体育教学目标的实现有较高的价值。

体育教材要体现时代性。体育是一种社会活动，它是随着人类社会的发展而发展的。以现代奥运会为标志的竞技体育，每四年都要展示一些新的项目就是证明。

第二章 高校田径运动概述

第一节 田径运动的概念

田径运动是一种以走、跑、跳跃、投掷等运动技能组成的以个人为主的运动项目。田径运动历史悠久，群众基础广泛，在古代、近代奥运会以及其他重大运动会中，都一直在主运动场上举行，是设奖最多的、最主要的竞赛项目。

田径运动分为径赛和田赛两大类。"径"是指田径运动场的跑道而言，在跑道上举行各种形式的赛跑都属于径赛；"田"是指田径运动场中广阔的空地，在跑道所围绕的中央或临近的场地上举行的跳跃、投掷，统称为田赛。径赛是用计时器记取成绩，或在一定时间内走完或跑完多少距离的项目；田赛是用尺丈量所跳的高度、远度和所投器械的远度的项目。此外，田径运动还包括田径全能运动，它是由若干跑、跳、投项目组合而成的，按每个单项的成绩从国际统一的"全能评分表"中查出得分，依得分总和的多少评定全能运动比赛的名次。

国际田径联合会将"田径运动"定义为："田径运动是由田赛和径赛、公路赛、竞走和越野赛组成的运动项目。"

我国"田径运动"这个词是译自英文 Track and Field。Track 的中文意思为"小径"，Field 的中文意思为"田地"，合称为"田径运动"。

第二节 田径运动的起源与发展

田径起源于生产劳动。它的产生一直要追溯到原始社会人类劳动的最初形式——采集和狩猎。采集和狩猎是原始社会人类的主要生产活动，原始人在采集和狩猎活动中，逐步学会和发展了走、跑、跳跃、投掷、攀登和爬越等各种最基本的生产劳动和日常生活技能。在当时条件下，这些走、跑、投等技能，既是生产和生活的基本技能，也是最基本的身体活动。因此，这些基本技能是人类社会最初的体育形态，也是田径运动的源头和萌芽。

随着人类社会的进步和发展，跑、跳跃、投掷逐渐作为融娱乐、健身、和平、友谊、抒发情感为一体的综合性运动项目而得以迅速发展，自发的比赛日益增多，例如工匠投掷铁锤，士兵投掷炮弹，牧羊人跨越羊圈、栅栏……虽然尚无成文规则，器材也不统一，但都预示着这项运动的萌发。直到今天，人们仍可从现代田径运动项目中看到反映原始人身体活动基本形态特征的动作。那些与生产劳动有关联的运动项目，如标枪、障碍跑等，最终形成了田径运动的各种竞技项目。

公元前776年，在古希腊奥林匹亚村举行了第1届古代奥林匹克运动会，竞赛项目只有场地跑比赛，距离为192.27m。以后每隔4年举行1次，并逐渐增加了长跑、跳远、掷铁饼、掷标枪等项目。公元394年，古代奥林匹克运动会被罗马皇帝狄奥西多废止，田径运动竞赛被中断，在此之前古代奥林匹克运动会一共举行了293届。

一、世界田径运动的发展概况

1896年以来奥运会田径比赛能较集中地反映出世界田径运动的发展、变化和运动水平等情况。至2008年第29届奥运会田径比赛项目达到46项。现代田径运动经历了项目创造、成型、发展和不断完善阶段。

（一）自然发展阶段（1896—1920）

这一时期主要有两个特点：一是运动员的技术主要表现为自身体能素质和自然动作，总体上看技术比较粗糙。二是项目变化较大，许多项目生命周期非常短暂，属于昙花一现。例如，立定跳高、立定跳远、立定二三级跳、500m接力跑等。项目的内容和标准也不统一。例如，第1届奥运会马拉松跑的距离为40km，到1920年第6届奥运会经过重新测量，确定为42.195km。

（二）寻求合理动作阶段（1921—1960）

以20km竞走项目入选奥运会为标志，完成了现代田径运动项目的基本构建。这一时期的特点是项目之间互相竞争生存权，优胜劣汰，在项目的内容和标准上也基本趋于统一和定型；女子项目进奥运会田径正式比赛的系列。这一时期，田径运动各项技术有了新的探索和发展。例如，跨栏跑经历了"跳栏"、单臂直腿过栏、双臂前伸过栏、屈腿过栏等技术，跳高经历了跨越式，剪式、滚式，俯卧式等过杆技术的演变。

(三) 快速发展阶段 (1961-1996)

这一时期的特点是以男子项目为基本框架，女子项目在数量和项目上向男子趋近。这一时期，田径运动各项技术发展迅速，科学化程度日益提高。例如，塑胶跑道出现短距离跑的屈蹬式技术、跳高的背越式过杆技术、铅球的旋转式技术、跨栏跑的"跑栏"技术和撑竿跳高的玻璃纤维竿技术等，并加大了专项素质训练的比例，使得田径各项运动水平飞速提高。20世纪80年代以来，国际田径联合会（以下简称国际田联）为组织更多的世界田径比赛采取了一系列改革措施：1983年设立4年1届的世界田径锦标赛，1985年开始每年设立15场田径系列大奖赛（甲级），从20世纪90年代起将世界田径锦标赛改为每两年1届。

世界田径比赛规模逐步扩大，运动员每年比赛次数增多，参赛的国家、地区和运动员越来越多。比赛竞争更加激烈，更加注重运动技能和战术的竞争。

(四) 不断完善阶段 (1997年至今)

随着田径竞赛规则的不断充实和完善，使田径运动各个项目的发展更为规范和严谨。优秀运动员在年周期训练中所承受的运动负荷量和强度不断提高，特别是负荷强度不断加大，专项化训练更加突出，要求全年都保持较高的竞技状态，对运动员的比赛能力要求也越来越高；反兴奋剂和不良竞争成为十分重要的任务。各项目的技术已经进入相对稳定期，突破世界纪录越来越难，上升幅度越来越小；但我们依然不可否认一些天才运动员的存在，他们不断向人类极限发起挑战，像博尔特、伊辛巴耶娃等。田径运动的未来将会朝着更有利大众观赏和娱乐的方向改革和发展。

二、我国田径运动发展概况

我国田径运动的发展历时100余年，大致可分为4个阶段。

(一) 19世纪末至1949年，是中国田径运动的引入、初步开展和停滞不前的阶段

19世纪末，以田径、球类运动为主要内容的欧美体育，通过基督教的传教和办学活动由教会学校和青年会传入我国。1890年，在上海圣约翰书院举行了第一次以田径为主要项目的运动会。进入20世纪，各类学校开设的体育课普遍采用田径运动项目作为教学内容，不同规模校级之间的田径运动比赛也不断增多。1910年10月18日至22日，在南京举行了第1届全国运动会。到新中国成立前，我国共举办了7届全国运动会，参加了第10届（1人）、第11届（23人）和第14届（3人）奥运会的田径项目比赛，还参加过10届远东运动会。由于经济落后，连年战乱，旧中国的各项体育运动得不到良好的发展，田径运动水平很低。

（二）1949 年至 1965 年，是我国田径运动迅速普及和提高的阶段

新中国成立后，在党和政府的重视和关怀下，田径运动在大、中、小学校迅速开展与普及，全国各地普遍建立了青少年业余体校田径班，国家和各省、自治区、直辖市建立了田径代表队，全国性田径竞赛的制度化，有力地推动了我国田径运动水平的提高。我国运动员郑凤荣以 1.77 米的成绩打破美国运动员麦克·丹尼尔保持的女子跳高世界纪录。1958 年，旧中国的田径纪录全部被刷新。到 1965 年，有 35 人达到当时第 19 届奥运会的报名标准，有 17 人 11 项成绩列入当年世界前 10 名。

（三）1966 年至 1976 年，是我国田径运动受"文革"影响，水平显著下降的阶段

1966 年开始的"文化大革命"，使刚刚起飞的我国田径运动遭受了沉重的打击，基本上停止了正常的训练和竞赛活动，不少田径场也遭到极大的破坏。在这期间，除了倪志钦在 1970 年以 2.29m 的成绩刷新了男子跳高世界纪录外，其他各项田径成绩都一度处于停滞不前或下降状态。1975 年举行的第 3 届全国运动会上，在男、女 35 个田径项目比赛中，竟有 25 个项目的成绩不如 1965 年第 2 届全国运动会的成绩。

（四）1977 年至今是我国田径运动改革开放、恢复发展和走向世界的阶段

1976 年以后，由于"拨乱反正"和改革开放政策的实行，田径运动得以重新恢复和发展，田径运动水平迅速提高。1979 年第 4 届全运会田径赛打破了 18 项全国纪录，38 项比赛有 34 项成绩都超过了 1975 年第 3 届的水平。20 世纪 80 年代初期，我国出现了一批具有世界先进水平的运动员，如邹振先、申毛毛、刘玉煌和郑达真等。朱建华于 1983 年至 1984 年先后以 2.37m、2.38m 和 2.39m 的成绩 3 次创造男子跳高世界纪录。由于训练和竞赛制度的恢复和健全，促进田径运动水平不断提高，我国运动员不仅在第 10 届、第 11 届和第 12 届亚洲运动会上保持金牌总数第一，而且在 20 世纪 90 年代初又创造了一些世界纪录，如曲云霞于 1993 年以 3mm50s46 的成绩创造女子 1500 米跑的世界纪录，王军霞于 1993 年以 8min06s11 和 29min31s78 的成绩创造女子 3000 米和 10000 米跑的世界纪录。在奥运会和世界田径锦标赛上也取得一些骄人的成绩：陈跃玲在第 25 届、王军霞在第 26 届、王丽萍在第 27 届奥运会上获得女子 10km 竞走、10000m 跑和 20km 竞走的金牌；黄志红、曲云霞、王军霞在第 4 届世界田径锦标赛上获得女子铅球、1500m、3000m 和 10000m 跑金牌。在 2004 年雅典奥运会上，我国选手刘翔和邢慧娜获得男子 110m 栏和女子 10000m 跑金牌。刘翔以 12s91 追平了世界纪录，创造了亚洲奇迹。2007 年刘翔又在世界比赛中跑出了12s89和12s88的成绩，两次打破世界纪录。2009年第11届世界田径锦标赛，我国选手白雪夺得女子马拉松冠军，我国选手在男子50km竞走和女子链球比赛中还取得第2名和第3名的好成绩。

就整体来说，我国虽然是亚洲田坛第一强国，但田径运动竞技实力在世界田径大赛中还比较落后，与美国、俄罗斯等田径强国的差距还很大。

三、田径运动发展趋向

（一）田径运动在更多的国家将更加普及、更加广泛地运用于健身

随着很多国家经济的快速发展和闲暇时间的日益增多，人们的生活水平大大提高，促使人们对生活品质和生命质量的追求越来越高。田径运动作为最具广泛性和有效性的健身项目，将吸引更多的人参与田径运动的不同项目。

（二）世界田径运动实力的格局将向多极化方向发展

从近些年世界田径运动发展的情况看，美国一枝独秀的格局将受到多国运动员的挑战。以俄罗斯、德国为代表的欧洲田径运动的重新崛起，非洲运动员在长跑、超长跑项目显示出的领军实力，亚洲运动员在男子跨栏跑、马拉松跑、竞走等项目上的超越等，都显示出未来世界田径运动格局的多极化趋势。

（三）女子将争取到和男子比赛项目相同的权利，女子田径运动将进入崭新的阶段

从20世纪80年代以来，女子田径运动项目数量的增速，使得女子田径项目已经同男子项目日趋接近。科学和实践证明，在田径运动中，男子从事的田径项目，女子也都能适应，而且表现出了高水平的发展势头。

（四）田径运动员职业化、训练科学化、竞赛的市场化将会进一步地发展

20世纪80年代以来，田径运动的商业化、职业化进程大大加快，使运动员的运动寿命大为增长；同时，田径运动训练科学化水平的提高也为运动员高强度、高水平的训练和竞赛提供了保证；竞赛的市场化推动了田径运动员的训练和竞赛活动，也提高了高水平田径运动竞赛的刺激性和观赏性。

（五）国际田联和各国政府反兴奋剂的力度不断加大

兴奋剂的检测手段更加科学，对兴奋剂的认定清单不断增多，显示出了国际田联和各国政府对运动员的人文关怀和对不正当竞争的打击。但运动员服用兴奋剂的种类的增加，方法更加隐蔽，使得兴奋剂的检测工作仍会十分艰巨。

第三节　田径运动的特点与功能

一、田径运动的特点

田径运动是一项集力量与速度于一体的运动项目，本身是一项集审美与观赏、竞技于一身的比赛项目，可以让人们尽情享受赛事带来的愉悦。在紧张的工作、学习之余观赏高水平的田径比赛，不仅可以满足人们精神文化的需要，拓展生活的空间，也可以缓解人的心理和精神压力，调节紧张的生活节奏，在体验到运动竞技的优美与崇高的同时，更能促进人的身心健康。田径运动的审美特点主要表现在以下方面。

（一）田径运动展现运动员的身体、竞技、人格之美

在田径赛场上，美的事物总是层出不穷，且能最直接地体现在运动员身上。田径赛场是展现健康体魄的舞台，舞台上的角逐始终贯穿着公平取胜、勇创佳绩的主导思想，田径运动员就像是一个个表演艺术家，他们在这个舞台上总是生龙活虎，各展英姿与才华，同时又不缺乏统一的思想和目的，各有章法，节奏明快。他们的瞬间技术动作一旦固定下来，几乎就是一座座精美的雕像。田径赛场更是弘扬公平竞争精神的舞台，舞台上的"表演艺术家们"彰显着崇高的精神与坚定的信念。他们以其特殊的方式充分展示着人类追求美、体现美和创造美的理想，人的本质力量、智慧以及精神得到完美的结合与统一，具有极高的审美价值和艺术欣赏价值。

1. 运动员的人体美

人体美的主要内容一般包括形态美、肤色美、体质美等，也直接体现了健康美。在田径赛场内外，运动员身上无时无刻不体现着健康，田径运动对人体的健康做出了特殊贡献，这也是欣赏高水平田径赛事最主要的价值所在。人类是自然界长期发展的产物，具有其自然健康的属性，它能显示出自然结构的美。田径运动员那种将力、健、美融于一体的形象正是通过人体的自然因素表现出来的，是自然美的最高表现形式。人类自然的形体经过漫长的历史发展成为审美的对象，具有永恒的魅力。自从跑、跳、投动作与人的劳动生产活动脱离之后，田径运动便成了锻炼自己身体的有效手段。可以说，田径运动员经过体育锻炼、运动训练后在赛场上所呈现的人体美，是人自由创造的本质力量的积极成果和形式。人体作为田径运动的成果和形式在赛场上展现，已经成为欣赏田径赛事不可或缺的内容，同时也是人们欣赏田径赛事必不可少的审美对象。随着时代的飞速进步，现

代田径运动的全面发展,为广大的运动员提供了更大的竞技舞台,在竞技场上运动员充分展示着人类生气勃勃、雄健有力的豪放之美和明朗多姿、线条动感的秀丽之美。人们在审美活动中,正是通过这些具体可感的运动形象,领略田径运动美的奥妙,感悟田径运动文化的真谛。

2. 运动员的竞技美

田径运动员的竞技美最直接地体现在他们动作的速度、高度以及远度当中。在给人带来直观视觉享受的同时,也会从心理上给人一种意犹未尽的美好感受。田径运动技术也体现着运动员的竞技美,田径运动的表现需要田径运动的技巧。田径技术是取得优异成绩的基础,弹跳性好不一定跳得高,力量大也不一定投得远。运动技术层面上的竞技美是人体美和动作美的综合体现,具有准确、协调、连贯,以及节奏性和实效性等特点,给人一种完美无瑕、无懈可击的感受。此外,运动员的竞技美在运动技术上的体现也具有明显的个性特征,不同类型的运动员在运动技术上表现不同类型的竞技美。例如,朱建华的跳高表现为速度快,过杆干净利落;默根堡弹跳性好,给人以轻松飘然之感;而刘易斯、博尔特则以超人的速度、出色的爆发力而具有独特的魅力。

3. 运动员的品格美

品格美属于运动员精神层次的美,指的是田径运动主体在比赛中表现出来的精神风貌、道德情操、意志品质等。它要求运动员在比赛中必须遵守一定的伦理道德守则。一场高水平、高风格田径比赛给人们美的享受是来自多方面的。审美的主体不仅是运动员健美的身姿、精湛的技艺、巧妙的战术,而且也是运动员在赛场上表现出高尚的品格,观众在观赏田径比赛的同时之所以能够得到美的享受,并从中得到启发,是因为美不仅表现在人体上、竞技上,而且还表现在支配动作和技术的品格。

我们在欣赏高水平的田径比赛的时候,常常会忽略一个极其重要的群体,那就是田径场上的裁判员。赛场上整齐、清洁的比赛器械和各种物品的准备与摆设,都会给人以赛场组织严密的印象,为创造高质量的精彩赛事提供了先决条件。运动员精神抖擞、良好的临战状态,观众的井然有序、情绪高涨,无不与裁判员的工作有着密切的联系。裁判员积极认真的工作态度、公平准确的裁判,使观赏赛事者肃然敬佩。裁判员是田径赛场上的"导演",他们是赛场上各种艺术元素的综合者。正是由于他们细致入微的工作,才保障了运动员能发挥其精湛技术,满足观众的欣赏和审美心理的需要。

(二)田径运动本身的美感还表现在裁判员的风度美、配合美、职

责美

  田径裁判员的风度美是指裁判员在赛场上的风貌、举止、姿态、言谈、作风等综合体现的一种美。它具有丰富的内涵，不仅是一个人品格的外化，更是其精神世界的客观反映。它与人的气质、修养、职业、长期养成的生活习惯及训练有关。优秀田径裁判员的共同特点是自信、镇定、敏锐。田径裁判员在赛场上所展示的风度主要表现在仪表举止、处理事情的方式上。

  在田径比赛中，竞赛项目多，比赛时间集中，判罚程序复杂，裁判任务较重，工作地点较分散，所以各裁判组、裁判员之间的通力合作和协调配合十分重要。田径裁判员所表现的配合美，是一种为维持田径赛秩序在合作与和谐的行动方面所体现的美。在执行任务中裁判明确分工、配合默契，不仅可以减少或避免不必要的失误和差错，也可以有效地节省比赛时间，而且还可以充分体现整个裁判队伍团结协作、共同奋斗的集体主义精神。

  裁判的天职是维护公平公正的竞争，田径比赛是在田径规则指导下进行的，执行规则的是裁判员。规则对任何一名运动员均是公平的，但其公平性又是由裁判来实施和维护的。裁判是赛场上的"法官"，有法必依，违法必究，这是裁判具有的"法官"性质的一面。无论是哪一方的运动员，在什么地方犯规，运用什么样的手段犯规，或者携带任何与规则不符的物品参赛，他们都做出妥当的处理和正确的判决，以维护赛事规则的神圣，这也是由裁判的"法官"性质所决定的。田径裁判员在判罚实践中时时注重通过田径比赛规则充分体现田径运动的精神，当裁判员的判罚技能成为一种田径运动精神的转化途径，那么裁判员的判罚技能也就上升到艺术的层次：田径裁判员作为赛场上的"法官"，对于田径运动精神的本质内涵应当有更深邃地理解和认识，通过裁判艺术积极诠释田径运动的精神所在，克服田径运动的"精神毒瘤"，这种职责更是一种带有真理性的美。另外，裁判员又是赛场上的服务者，对赛场上的各种情况均以积极的态度及时处理，并努力排除不利于比赛正常举行的各种因素。他们总是以服务者的姿态，保管赛场上的各种器械，维护赛场上的秩序，保证竞赛按照程序有条不紊地顺利举行。这种赛场服务精神，是赛事观赏者领略裁判员职责之美的桥梁。

（三）赛场观众所展现出的素质美、精神美

  田径比赛对观众是有一定要求的，赛场观众需具备一定的礼仪和行为素质。观众素质的高低有时能对比赛产生很大的影响，它也是一个城市乃至整个国家国民素质的缩影。田径赛场上观众的素质美主要体现在积极配合、有序参与。在田径赛场上，就连掌声以及呐喊加油声都需要观众的适宜配合：田径比赛赛场的安静和热情是相对的，安静是为了保证运动员的正常发挥，而没有观众热烈的鼓励和热情的回应，便失去了比赛的意义。特别是在田径比赛中需要激情四溢的气氛时，比赛中观众应不吝惜嗓音和掌声，尽情呼喊和鼓励。其次，赛场观众要做到相互尊重。在田径赛场上，观众是展示田径文化精神的载体，是赛场竞争力的源泉。赛场观众更将成为田径文化精神的传播者，他们所体验到的或者表现出来的田径文化精神特质将由赛场扩散至社会生活的方方面面，进而影响着整个社会整体状态。赛场观众的精神美主要体现在团结友爱、理性爱国、追求精神等方面，是一种可以传承的美。

二、田径运动的功能

走、跑、跳、投健身运动是最完美的有氧运动，简便易行，在任何时间、地点都可以进行。运动量可以自己控制，适合多年龄层次。走跑健身运动也是唯一能终生坚持的锻炼手段。

走、跑、跳、投是全身运动，不仅是"腿"和"脚"，70%以上的肌肉都能得到运动，并使所有器官组织都能够活跃起来。

（一）田径健身运动的生理健身功能

1. 走跑出健康美

维持生命需要热量。我们每天所需要的热量，依个人的生活环境、一天的运动量、工作、身高、体重和年龄等因素而有所不同。热量是经口摄取的食物，饮料通过消化器官被体内吸收而产生的。吸收的热量随着血液循环运送到全身积存在肌肉或肝脏中，其中有一部分，为了应付饥饿状态而蓄积在脂肪细胞内。当摄取的热量超出消耗热量时，多余的热量就会蓄积在脂肪细胞内，使脂肪细胞变大，从而造成肥胖。肥胖使身体赘肉过多，破坏身体的曲线，影响形体美，更重要的是会危及健康。要减肥必须做到两点：一是摄取的热量和消耗的热量平衡，也就是收入和支出平衡；二是要有适量的有氧运动，消耗更多热量。

运动时，热量源供能方式有两种：糖类供能（又称无氧供能）；脂肪供能（又称有氧供能）。糖类供能的特点是一次产生较高的热量，但量不多，供能时间短，无须氧气。糖类供能是高强度运动的主要供能方式，适用短跑、举重等运动项目。脂肪供能的特点是一次不会产生较高的热量，但量多，供能时间长，要有充足氧气。脂肪供能是耐力运动的主要供能方式，适用于走跑、健美操等运动项目。两种供能方式紧密相连不可分割。运动开始时由糖类供能；十分钟之后，脂肪开始燃烧，由脂肪供能。走跑健身运动是一项有氧运动。持续较长时间走跑，就能使脂肪燃烧，消耗掉多余脂肪，从而走跑出健美的形体。

2. 提高免疫功能，延缓衰老

延年益寿是人类永恒的追求，人们向往健康长寿，青春永驻。千百年来人们坚持不懈地探索着健康长寿的奥秘，但衰老、死亡仍是无法抗拒的自然规律。近年，"衰老与免疫"研究引人注目。研究认为：衰老是因为免疫力降低所致。运动能够推迟机体免疫系统的衰老，并在一定程度上能够逆转免疫系统的衰退。实验证明：适量的、持之以恒的走跑健身锻炼，可以促进机体免疫系统功能的提高，推迟免疫器官的老化，而高强度的走跑运动会抑制免疫系统的机能。因此，在走、跑、跳、投健身时，如果要想得到延缓衰老，延长寿命的目的，就要把握适量的运动强度和时间，把走、跑、跳、投看作一种娱乐活动。

研究还证明，身体各部位中最早衰退的是腿部。防止腿的老化，就能有效延缓全身老化。现代交通发达，走路机会较少，走、跑、跳、投健身运动能够延缓腿部老化。

3. 其他作用

走、跑、跳、投不但能够健身，还可以改善情绪，消除心理障碍。因为，走、跑、跳、投既是身体活动，又是心理活动和社会活动。

（1）改善情绪，消除压力

情绪是人对客观事物的反映，也是人对现实事物的态度和内心体验。人生活在错综复杂的社会中，面临着巨大的压力，经常会产生忧愁、紧张、压抑等情绪反应，从而引起交感神经和副交感神经失调。脚底有交感神经和副交感神经的穴位。走跑健身锻炼的方式刺激脚底交感神经和副交感神经两个穴位，使之保持平衡，有助于消除忧愁，摆脱烦恼。

持续紧张的工作和学习，极易造成身心疲劳和神经衰弱。持续的中等强度的走跑健身锻炼，使身心得到放松、欢悦，消除压力和疲劳。

（2）防治心血管疾病

心血管疾病是世界上危及人类生命的主要杀手，心脏病、冠心病、高血压是常见的心血管疾病。研究表明，不参加有规律体育锻炼的人心血管疾病发病率高于参加有规律体育锻炼的人。有氧运动是心血管病患者的主要锻炼方法。走、跑、跳、投健身运动是最完美的有氧运动，应为首选。

（3）有助于防癌

研究表明，适量的走、跑、跳、投健身锻炼有助于肌体免疫细胞的组织结构得到改善。免疫细胞数目增加，细胞膜上的特殊构造——受体活性增强。而受体是"俘获"体内流动的细菌、突变癌细胞等"异局限分子"，并将其杀灭的重要物质。走、跑、跳、投健身锻炼还可以使胸腺素分泌明显增多，这对增强免疫细胞免疫活性，使机体已趋衰退的免疫机能重新得到恢复颇有裨益。

法国专家最新研究发现，适量的走、跑、跳、投健身锻炼有助于降低当今女性罹患乳腺癌及生殖器官癌瘤的发病率。其主要因素是由于有氧运动能刺激大脑皮层及脑垂体，产生反馈，调节内分泌失衡，有效防止体内雌激素分泌过多，调节女性雌激素的比率水平，改善生殖器官的生理功能，减少体内脂肪的积聚，从而降低女性特定癌瘤的发生率。

（4）减肥效果好

肥胖是影响健康的"大敌"。为减肥，许多人都减少食物所含热量的摄取。虽然暂时可以减肥，但随后又出现反弹变回老样子。最好的办法是既减少食物的热量，又加强体育锻炼。较长时期的走、跑、跳、投健身锻炼可以增加能量的消耗，燃烧体内多余的脂肪。每天能坚持健身走4~5km或慢跑20~30分钟，就可以多消耗300千卡能量。如能同时适当控制饮食，就可以避免发胖。

（5）延缓和防止骨质疏松症

走、跑、跳、投健身锻炼是一种需要承受体重的锻炼，能够减缓骨质的老化，甚至还可以促使其生长。骨质疏松在年轻时最易防止，到了老年也可以减缓骨质的老化。走、跑、跳、投健身锻炼能延缓关节退行，能预防或消除风湿性关节炎的某些症状。

田径健身运动是主要以个人参与的一种强度适宜、有益于身心健康的运动，它以挖掘人体最大潜力的竞技田径运动有着根本的区别，田径健身运动有着内容丰富、方式简便、负荷适宜、条件随意、效果全面的特点。因此，田径健身锻炼成了大众最基本的锻炼方式。

（二）田径健身运动具有培养人的心理品质的功能

田径健身运动的内容多种多样，练习形式、方法简易，与人的自我运动能力的表现联系紧密，有益于人格的形成和发展，为人的人格多元化发展提供了条件。经常参加田径健身活动的人们，其心情变化少，自卑感少，情绪稳定，精力充沛，能与人很好地交往，社会适应能力良好。可见，田径健身活动能有效地促进人的人格发展，田径健身运动对心理品质的影响，主要表现在对人的认知、情感、意志和社会适应等方面的积极作用。

1. 田径健身运动对人的认知能力的影响

在走、跑、跳、投等各种健身练习中，练习者要完成或简单，或复杂的多种协调、合理、正确的动作。反复练习，可以强化练习者对动作的空间感知和时间顺序，在练习中对身体本体感觉的精确控制，是体育活动中各项技术的共同特点，在运动中要求运动者既能对外界物体做出迅速、准确地感知和判断，又能在复杂多变的条件下迅速、准确、协调地做出相应的动作，从而建立完整、正确的动作表象。长期坚持田径健身锻炼能促进人的感知能力的发展，调整大脑皮层的神经功能，协调中枢神经的兴奋和抑制过程，促使大脑皮层神经过程的均衡性和灵活性加强，增进大脑皮层对环境的判断分析能力，提高大脑反应的灵敏性，使人的思想品质获得特殊的发展。在田径健身运动中注重走、跑、跳、投等各种练习的协调性、灵活性，有助于发展人的运动认知和运动思维，促进认知能力的提高。

2. 田径健身运动对人的情感发展的作用

情绪作为个体心理活动的核心无时无刻不在影响着个人的学习、工作和生活。当今人们面对的是扑朔迷离、变化多端的大千世界，生活节奏的加快和各种竞争的加剧，使人的心理负荷加大，遭遇挫折时有发生。面对失败和挫折能泰然处之，保持良好的情绪，学会驾驭自己的情绪，做情绪的主人是现代社会要求现代人成熟情感的表现方式。体育活动就是培养这种成熟情感最简单的方法之一，田径健身运动同样具有这样的功能。田径健身运动主要是个体不断挑战自我的练习过程，也有在与同伴共同练习中的比较和合作的体验。体育活动中的情感体验强烈而又深刻，成功与失败、进取与挫折共存、欢乐与痛苦、忧伤与憧憬相互交织，积极的情感和消极的情感快速转化使人的情感体验丰富多彩，这种丰富的情感体验刺激则有利于人的情感成熟，有利于情感的自我调节能力的发展。大量的研究证明，人们可以通过体育活动改善自己的情绪状态，提高情绪的调节能力。

3. 田径健身锻炼对人的意志的培养

体育是培养人的意志品质的有效手段，体育对人的意志品质的磨练在于它总是与克服困难联系在一起，总是与极限的身体负荷和心理疲劳联系在一起。体育活动中的高速度、长距离、多障碍、激烈的对抗等不同负荷，都需要参与者去克服，在克服中磨练人的意志。体育活动不仅要克服肌肉酸痛、培养坚持到底的顽强毅力，而且在激烈的对抗性活动中还需要能理智地分析客观情况，辨明方向和弄清利弊并当机立断，能抵御外部环境的各种干扰，克服并抑制消极情绪和冲动行为，而不被一时的困难所压倒，也不被一时的成功所陶醉，始终把握住既定的目标方向，这是体育活动和竞赛对人的意志品质的要求。因此，长期坚持体育锻炼、坚持田径健身锻炼有助于培养人们不畏艰苦、不怕困难、果断机智、勇敢顽强的意志品质，促进良好个性的形成。

4. 田径健身运动对人的社会适应能力提高的作用

竞争观念在现代社会中是一个重要的价值观念，竞争包含有进取并努力取得成功的含义，竞争有助于优胜劣汰和社会的进步。因此，从时代发展的角度看，需要鼓励其成员增强竞争意识，对个体而言，具备一定的竞争能力是促进个体完善与发展的前提条件。体育运动中的竞争经历最容易对人的自我概念产生重大影响，特别是竞争运动中的成功经验能增强人以情感为主的自尊心，激起人们产生一种奋发向上的力量，体育活动使人学会了竞争。增强竞争意识、激励人们努力向上，积极进取，正是现代社会要求现代人所必备的素质。体育使人学会了合作，体育活动中有许多项目既需要个体的自主性活动，更需要同伴之间的协调配合，个体的自主性要得到最佳发挥，就必须通过协作才能表现出来。体育活动中的合作有助于提高群体的凝聚力，有助于培养人的团结协作精神。田径健身运动多样的内容为心理健康教育提供了丰富的载体，它不仅能使人们在各种不同的运动中体会竞争与合作，感悟自我，加深对规则、秩序、策略的理解等，而且能使人在活动中体验成功，在成功中培养自信，在失败中感受挫折，在挫折中磨炼意志，提高其心理承受能力，从而达到提高心理健康水平的教育目标。

田径健身运动是一种老少皆宜的体育运动，田径健身运动自身的特点决定了它不仅能够强身健体，而且能够培养人的优秀的心理品质，它也将成为一项可行性强且健身价值高的运动。

第四节 田径运动的项目分类

田径运动分为田径竞技运动和实用田径运动两种类型。

田径竞技运动项目分为竞走、跑、跳、投，以及由跑、跳、投部分项目组成的全能运动五类。国内外通常进行的成人各类竞赛项目和我国进行的少年甲组（16岁、17岁）、乙组（15岁）各类竞赛项目见表2-1至表2-5。

表2-1 竞走类

	成人		少年	
	男子	女子	男子	女子
场地/m	20000 30000 50000	5000 10000 20000	5000 10000	3000 5000
公路/km	20；50	20		

表2-2 跑类

	成年		少年			
	男子	女子	男子甲组	男子乙组	女子甲组	女子乙组
短距离跑/m	100 200 400	100 200 400	100 200 400	60 100 200	100 200 400	60 100 200
中距离跑/m	800 1500 3000	800 1500 3000	800 1500	400 800	800 1500	400 800

	成年		少年			
	男子	女子	男子甲组	男子乙组	女子甲组	女子乙组
长距离跑/m	5000 10000	5000 10000	3000 5000		3000	
跨栏跑（栏高/m）	110m栏（1.067） 400m栏（0.914）	100m栏（0.84） 400m栏（0.762）	110m栏（1.00） 400m栏（0.914）	110m栏（0.914）	100m栏（0.84） 400m栏（0.762）	100m栏（0.762）
障碍跑/m	3000	3000	3000		3000	
接力跑/m	4×100 4×400	4×100 4×400	4×100 4×400	4×100	4×100 4×400	4×400
公路赛和越野赛	10km、15km、15km、20km、25km、30km、100km半程马拉松、马拉松、公路接力（只限马拉松距离）和越野赛						

表2-3 跳跃类

	成年		少年			
	男子	女子	男子甲组	男子乙组	女子甲组	女子乙组
高度	跳高 撑竿跳高	跳高 撑竿跳高	跳高 撑竿跳高	跳高	跳高 撑竿跳高	跳高
远度	跳远 三级跳远	跳远 三级跳远	跳远 三级跳远	跳远	跳远 三级跳远	跳远

表2-4 投掷类

	成年		少年			
	男子	女子	男子甲组	男子乙组	女子甲组	女子乙组
推铅球/kg	7.26	4	6	5	4	3
掷标枪/kg	800	600	700	600	600	
掷铁饼/kg	2	1	1.5	1	1	
掷链球/kg	7.26	4	6		4	

表2-5 全能运动类

组别	项目	内容和比赛项目
成人男子	十项全能	第1天：100m、跳远、推铅球、跳高、400m 第2天：110m栏、掷铁饼、撑竿跳远、掷标枪、1500m
成人女子	十项全能	第1天：100m、掷铁饼、撑竿跳远、掷标枪、400m 第2天：110m栏、跳远、推铅球、跳高、1500m

组别	项目	内容和比赛项目
少男甲组	七项全能	第1天：110m栏、跳高、掷标枪400m 第2天：掷铁饼、撑竿跳高、1500m
少女甲组	七项全能	第1天：110m栏、推铅球、跳高 第2天：跳远、掷标枪、800m
少男乙组	五项全能	第1天：110m栏、推铅球、跳高 第2天：跳远、1500m
少女乙组	五项全能	第1天：110m栏、推铅球、跳高 第2天：跳远、800m
少男少女乙组	三项全能	100m、跳高、推铅球

第三章 高校田径教学现状

第一节 高校田径教学理论与方法

一、田径运动教学理论与方法的发展概况

最早的体育教学可以追溯到19世纪初,随着体育分科教学的出现,有了体育教学法。在早期的体育教学中,田径运动教学是体育教学中的一项内容,直至19世纪末期,随着一些田径项目有了竞赛活动和运动训练,田径运动的教学才逐步分化出来。田径运动教学理论与方法大约从20世纪20年代开始,经过了90余年的发展,田径运动教学理论与方法才逐渐走向成熟。

20世纪20年代至30年代,我国已出版了少量的有关田径运动教学经验、方法的专著,尽管当时此类专著研究较浅,但是我国的田径方面的前辈对教学理论、教学方法最初的探索,对后来的研究还是具有一定指导作用的。

我国田径运动教学理论与方法的建立发展,主要是在中华人民共和国成立以后。20世纪50年代初,在学习和引进苏联田径教学理论的基础上,我国的田径运动教学理论与方法开始逐步建立和发展。这一时期,我国各体育学院和师范大学(学院)体育系的田径运动教师在学习和吸收国外(主要是苏联、美国、英国等)的田径运动教学理论与经验的基础上,结合我国田径运动教学实际,对田径运动教学理论和方法进行了许多有益的探讨和研究。1961年我国编写了第一部田径运动教材《田径运动教学与训练》,是这一时期总结我国田径运动教学理论研究成果和吸收国外成果的集中体现。从20世纪60年代初期到中期,我国田径运动教学研究曾有过一段热潮。这一时期,围绕着田径运动技术教学的方法和手段展开的教法改革及各体育学院之间进行的经验交流为我国后来田径运动教学理论的确立积

累了经验，奠定了基础。20世纪60年代末期至70年代中期，由于受"文化大革命"的影响，田径运动教学理论的研究受到了极大阻挠，直至20世纪70年代后期，我国田径运动教学理论研究才得以恢复。1978年出版的体育学院田径运动教材《田径运动教学与训练》的理论内容在原有的基础上得到了一些补充。20世纪80年代以后，我国田径运动教学理论与方法得到了全面充分的发展。1983年全国体育学院田径运动教材中，将田径运动的教学与训练分为两章，把教学理论专立一章，对教学与训练理论进行了科学的区分。这一变革不仅符合田径运动教学和训练理论各自的内在规律，而且也为田径运动教学理论与方法的进一步完善和发展提供了可能。这一时期，以中老年教师和攻读田径运动教学理论与方法的硕士研究生为主要力量，对田径教学理论与方法的引进和实验研究、国内外田径教学理论与方法的比较、学生个性学习特征的探索、教学效果的测量与评估等广大领域，进行了大量的、富有深度的研究。这些教学理论与方法的研究成果，不仅极大地丰富了我国田径运动理论的宝库，而且也为建立具有中国特色的田径教学理论体系奠定了基础。

田径运动教学理论的发展，自始至终都遵循着教育学、心理学等学科的原理。现代教学论思想对田径运动教学理论与方法的发展也一直产生着重要影响。回顾田径运动教学理论的发展过程，各时期有影响的教学理论思想和观点，都对田径运动教学理论改革和发展起着积极的推进作用。

近代教学论的基础是捷克教育家夸美纽斯所著的《大教学论》，他关于建立学年制和分班、分科授课教学制的主张，以及所提出的直观教学、循序渐进等诸多教学原则，为后来体育分科教学奠定了基础。随着体育分科教学的出现，体育教学法应运而生。最早提出体育教学法的是瑞典体育教师W.斯卡斯特罗姆，他于1914年出版了《体育教学法》一书。从20世纪初至50年代，美国教育家杜威的实用主义教学思想和桑代克的教育心理学说，对体育教学和田径运动教学理论的形成、发展影响很大。20世纪50年代苏联凯洛夫的《教育学》和达尼洛夫的《教学论》，对我国田径运动教学理论的建立和发展产生了较大的影响。我国当时的田径运动教学理论、教学原则以及教学方法，都是在接受他们的教学思想的基础上建立起来的。20世纪50年代以来，尤其是进入60年代和70年代以后，世界范围内的教学理论研究与探索，进入空前活跃的时期。例如，苏联教育家赞可夫的"发展教学理论"、巴班斯基的"教学过程最优化理论"、美国教育和心理学家斯金纳大力提倡的"程序教学"、布鲁纳倡导的"结构课程论"、德国教育家瓦·根舍因和克拉夫基的"范例教学"、保加利亚教育家洛扎诺夫创立的"暗示教学的理论"等教学理论思想，不仅极大地丰富了普通教育学的宝库，而且为田径运动教学理论改革和发展提供了理论依据。近年来，国内外学者以当代最新教学理论思想为指导，进行了大量的田径运动教学理论与方法的研究。这些研究不仅把当代教学论中的思想和观点成功地运用于田径运动教学实践，而且为田径运动教学理论的发展注入了新的活力，使田径运动教学理论的研究提高到了一个新的层次和高度。

二、高校田径运动教学理论与方法改革的基本依据

（一）遵照现代教学的观念更新高校田径运动教学观念

传统的田径运动教学观是灌输型的教学观。其核心是教师向学生传输和灌输书本的知识与技术方法，这种教学思想已经不能适应培养现代创造型田径运动人才的需要。

现代高校田径运动教学观应是发展型（开拓型）的教学观，要做到这一点就要把知识的传授与学生的发展很好地结合起来；不仅是智力的发展，而且包括情感、意志、个性等多方面的心理品质的发展。

当前世界上的教学理论都是顺应历史潮流的发展而产生的，其共同强调的一个核心观念就是发展。这种理论认为，只有以智力为中心的个性的全面发展，才是学生有效地掌握知识的可靠基础。这种教育观念，就是以"学生为主体""发展为中心"，变传授型教学为开拓型教学。只有这样，才能解决当前教育工作中存在的许多严重弊端，如死记硬背、满堂灌、呆板地模仿田径运动技术动作、高分低能等。

（二）利用信息观念扩展高校田径运动教学内容

对任何一项田径技术教学的有效控制，都必须首先考虑信息，消除对技术教法、理论知识传授、能力培养等认识和内容方法的不确定性。

（1）把培养田径运动专家和全民健身人才放在首位。在增加智力投资的同时，要特别注意开发智力内涵，即充分利用现有的田径运动技术信息库中的软件，为扩展田径运动教学内容服务。

（2）广泛收集网上信息，掌握国内外最新田径运动教学动态，尽力摸清国内外田径运动技术教学新内容，并补充到教学中去。

（3）经常开展专家函询，广泛征求国内外田径运动专家的意见，为丰富教学内容提供参考。

（4）及时更新田径运动教学设施和方法，编写出适合国情的田径运动教学参考书。

（三）加强整体观念，协调高校田径运动教学与其他课程的关系

在田径运动教学中考虑采用什么样的教学方法和手段时，必须同时考虑其他课程对田径运动课程的影响。例如，田径课要不要全面发展身体素质？从理论上

看,必须全面发展学生的身体素质;从具体实际看,要从所有的技术课程的安排这个全局着眼,如体操课可以增强学生上肢与腰腹肌的力量,球类课可以发展学生弹跳力和灵敏性,举重课可以提高学生的力量,武术课可以加强学生的柔韧性,田径和游泳课可以发展学生的速度与耐久力。因此,从这个整体出发,把所有课程的功能"集合"起来,实际上已经达到全面发展学生身体素质的目的。这样一来就可以节省一些时间,把重点放在掌握基本技术和发展专项素质上。又如,在田径运动理论教学中,像教学原则、科研方法等内容,可以省略,在"学校体育学""教育学"和"体育科研方法"课去讲。让田径运动教学与其他课程充分地协调,突出田径运动教学本身的重点。

(四)应用价值观念评价高校田径教学效果

田径运动教学效果一般可从以下内容中反映出来,如方法的可靠性、锻炼的效益与适应性、手段的兼容性、效果的长期性、应用的良好性、与生态环境的融合性、与社会文明的融合性、与信息资料的融合性等。

(五)重视素质教育观念,加强高校田径运动教学工作能力培养

素质教育是从宏观到微观,从体制到思想,是全面推进教育改革战略的重要一环,也是保证我国社会主义教育事业持续健康发展的关键之一。它不仅与体制改革相配合,而且与微观管理改革、教学内容改革有着密切的关系。

田径运动是一种社会实践活动,是以增强人民体质、提高人民运动技术水平、丰富人民精神生活与物质生活于一体的社会实践活动;是集人的生活技能、运动技能、健身技能和竞技技能于一身的体育项目;是集人的体力、智力以及发展才华、才能、兴趣和审美能力于一体的素质教育题材。

田径运动永远是进取的,具有前进性发展要求,它不断追求锻炼价值和有效的"运动处方",追求新技术和创造新纪录。田径运动要求在人生和时代的纵断面上攀登高峰,追求其素质的全面发展,并力求达到完美的境界,因此,它既是铸造人的工作能力的重要途径,也是促使素质教育持续开展的重要手段。

当前,高校田径运动教学中,提高学生田径运动教学工作能力的问题已越来越引起人们的重视。加强对学生田径运动教学工作能力的培养,不仅在于具体手段和措施以及工作能力培养的有效性,还在于学校观念的变化。

学生的裁判能力,通过竞赛才能得到提高;学生的教学技巧方面的能力,通过田径教学课的实践才能得到锻炼提高;学生的表达能力,要在课堂上的提问之中得到锻炼提高。一方面教师开始时让学生集体回答问题,然后要求个别回答、互相补充,其目的是给学生创造口头表述的机会;另一方面教师抽查学生做技术动作,做完后再讲解动作要领、要求,同时要求其他学生进行补充、分析,这样使被提问者既会做动作，又会口头表述；使其他同学既要会观察，又要会分析。能否使学生的教学工作能力得到提高，关键在于教师是否有意识地进行培养。总之，田径运动教学理论与方法的改革，要注重对学生的全面能力培养，遵循素质教育的要求。

三、高校田径运动教学的一般规律

（一）动作技能形成阶段

1. 任务与采用方法

主要任务：使学生建立完整、正确的技术动作概念，学习和初步掌握技术动作。

采用的主要方法：通过利用直观教具的演示、教师的讲解和示范，使学生基本了解动作的过程、方法和技术要领。通过练习，使学生体会并初步掌握技术动作。

2. 此阶段的特点

学习和初步掌握阶段的特点是：由于大脑皮层、运动中枢兴奋与抑制都呈现扩散现象，条件反射的联系还不稳定，因此导致出现泛化现象。此阶段具体表现为动作生硬、紧张、不协调，容易出现一些多余动作。

（二）改进和提高动作阶段

1. 任务与采用方法

主要任务：使学生改进和逐渐掌握技术动作。

采用的主要方法：提高练习的难度，通过分解或完整的练习，逐步克服动作不协调和动作僵硬的缺点，去掉多余的动作，完善技术动作；通过反复的完整练习，使学生体会和加强各技术环节之间的联系，逐步熟练地掌握技术动作。

2. 此阶段特点

改进和完善阶段的特点是：动作逐渐趋于协调、连贯，多余动作逐渐消除，大部分错误动作得以纠正。但动力定型尚不巩固，在遇到新异刺激时，由于精神紧张，多余动作和错误动作仍可能出现。

（三）巩固和提高动作阶段

1. 任务与采用方法

主要任务：根据个人特点，通过反复练习，进一步完善技术，达到熟练掌握技术并能将其运用自如的程度。

采用的主要方法：通过重点的讲解、示范，使学生深入了解技术动作的要领，加深学生对技术动作的理解和体会；反复地进行完整技术的练习，针对学生的个人特点，结合技术评定，提出进一步完善技术动作的要求和方法；通过改变练习的条件，增加练习的难度，组织教学比赛或测验等，不断地提高运用技术动作的能力。

2. 特点分析

巩固提高阶段的特点是：动作熟练、准确、轻松、省力、协调，可达到自动化的程度，并能使理论知识和实践相结合。

田径运动教学的三个阶段是一个相互紧密联系的完整的教学过程。在教学过程中，教师应根据教学过程的规律，结合项目特点和学生实际，合理安排教学，为完成教学任务创造良好的条件。另外，还需要大学生理解事物规律、人体生理机能活动能力变化规律、大学生身心发展规律等相关知识，从而更好地参与田径运动。

四、高校田径运动教学理论

（一）高校田径技术教学中动作技能形成的理论

高校田径技术教学过程中动作技能形成的理论统称田径技术理论知识。根据教育学和人体生理学原理得知，学生在学习的第一个阶段，即开始学习技术阶段（可称粗糙地掌握技术阶段），对初学的技术动作的理解处于比较模糊的状态，此时技术动作完成不到位、不规范，是可以理解的。教师在这个阶段不应急躁，要沉住气，不断地鼓励学生练习，即使学生做的不准确也没有关系，要在肯定的同时指出问题的所在。

在学习的第二个阶段，也可称改进提高阶段。学生所掌握的技术尚处于不稳定的状态，无论完成情况如何，教师同样不应急躁，要继续鼓励学生努力练习，不断纠正不规范的技术动作，达到对所学习的技术动作逐步改进提高的目的。

在第三个学习阶段，可称熟练巩固阶段。学生掌握的技术动作大多数处于较为规范的状况。这个阶段教师可以用评分的办法给予鼓励，即技术评定。鼓励学生进一步巩固已学会的技术动作，并为他们指出努力的方向，达到进一步提高的效果。

高校田径运动技术理论知识的教育是与技术教学过程同步进行的，学生掌握技术的过程也是学习技术理论知识的过程。

综上所述，教师应按教育学和人体生理学原理上课，避免产生急躁和冒进的情绪，而且要在不同的学习阶段采取不同的教学方法，这是非常重要的。

（二）高校田径运动教学的条件

只有同时满足下述条件，高校田径教学过程的进行才是可能的和有益的，这是每位教师必须遵守的。

（1）运动技术动作、要领、要求与理论知识对教师是已知的，而对学生是未知的或不确定的。若运动技术动作、要领、要求与理论知识对于教师是未知的，那么教学过程的进行是不可能的；若运动技术动作、要领、要求与理论知识对于学生是已知的，那么这样的教学过程是没有实质意义的。

（2）运动技术动作、要领、要求与理论知识，对于教师是可输出的，即可示范、可讲解、会教、会表述的，这种表述对学生是可输入的，即听得懂、可接受的。如果运动技术动作、要领、要求与理论知识，对教师是不可输出的，或虽可输出但是这种输出对学生是不可输入的，那么，这样的教学也是没有效果的。

（三）高校田径运动教学中的知识传授过程的状态

高校田径运动技术、技能与理论知识，有各种不同的表现形式，而每种形式的运动技术、技能与理论知识的存在，又有其不同的形态，如储存的形态、传输的形态和使用的形态等。具体而言，高校田径运动教学过程中的教学大纲、教学进度、教材和教案是运动技术、技能与理论知识的储存形态；教师的示范和讲解是运动技术、技能与理论知识的传输形态；而学生根据一定的原理与理论知识进行练习和作业，则是运动技术、技能与理论知识的使用形态。

高校田径运动技术、技能与理论知识的传输形态具有以下特点。

（1）形式的多样性。它表现为多种不同的信号形式，如语言的形式（口头、录音）、形象的形式（手势、形体）、文字形式（书面、板书、录像）、表演形式（电影、电视、多媒体）等。

（2）综合性。传输中的技术、技能与理论知识可分为部分（分解），也可构成整体（分解求整）。

（3）程序性。如制定教学进度、某技术或理论知识的教学程序等。

（4）可释性。一定的技术、技能与理论知识的内容，可以用另外的技术、技能与理论知识加以说明，如跑的技术可以用单腿支撑与腾空相交替、蹬与摆相配合来说明。

五、高校田径运动技术教学方法

高校田径运动技术教学的基本方法是分解教学法和完整教学法。近年来，围绕高校田径运动技术教学方法的改革和探索，极大地丰富了田径教学法的宝库。例如，程序教学法、学导式教学法、适应新技术的教学研究、利用现代教学手段进行的教学改革，都对高校田径运动教学产生了重大的积极影响。以下着重介绍几种高校田径技术教学中实用性较强的教学法。

（一）"化难求易"教学法

在高校田径运动教学中，有些复杂和特殊的项目，技术难度大、器材重量大，很难掌握好完整技术，甚至技术环节也很难掌握。在这种情况下，教师必须采取相应对策和方法，目的是化解难度。这些方法简称"化难求易"教学法。

1. 降低高度和缩短距离的方法

如为了克服110米跨栏跑的难度，可采用降低栏架高度、缩短栏间距离的方法；跳高教学中，开始学过竿时，横竿高度不宜太高；教跳远时起跳板可适当缩短距离，建议男子为2米、女子为1.5米，根据学生掌握技术的情况，逐渐提高至标准距离。

2. 减轻投掷器械重量的办法

在铅球、铁饼、标枪教学中的开始阶段，可以用较轻重量的器械进行教学，根据学生掌握技术的熟练程度，逐步将其标准化。

3. "帮助法"

背越式跳高和撑竿跳高的过竿技术，可以先在教师（或同伴）的帮助下进行，也可先采用过竿的一些辅助练习。例如，背越式跳高，在采用原地背向过竿时，教师（或同伴）可双手分别握住练习者的踝关节处，帮助练习者向上起跳。又例如，在跳高与跳远教学中，亦可采用降低难度的起跳板起跳，这样有助于学生形成正确的技术动力定型。

4. "小字"法

"小字"法是田径教师经常采用的方法之一，只不过未将它总结成方法介绍，其实它是"化难求易"的最典型的方法之一。例如，小幅度练习法。跳高中起跳的制动步是难度很大的练习，假如开始采用小幅度练习，等练习者有了一定体会和肌肉感觉后，再逐步加大幅度，练习者就可以很快掌握难度大的制动起跳技术。又例如，小力量练习法。如投掷项目的最后发力的技术动作，为了教会学生掌握发力的顺序，开始要求学生用小一点儿的力量和小一点儿的幅度体会用力顺序，以达到很好的教学效果。另外，还有小步子练习法。就是把某项完整技术和难度很大的技术环节，按其内在联系划分为许多技术细节，通常每个教学步骤只学习一个技术环节，此方法能很快地把一个难度大的技术环节掌握。

以上的练习，实际上都是联合应用的，采用小幅度必然只能用小力量和小步子，所以统称为"小字"法，最终达到"化难求易"的效果。

（二）"分解求整"教学法

实践证明，高校田径教学很少出现单纯的整个项目的完整教学法。大多数情况下是先将某一田径项目分成若干个技术环节，先进行有序的教学，到一定的程度（或时间）时再将已学会的各个技术环节，有机地联系起来进行完整技术练习，把分解的技术环节联结成完整技术，这一教学过程就叫"分解求整"教学法。一般采用以下几个方法。

1."逆进分解求整法"

就某一个田径项目而言，从最后一个技术环节开始教起，逆向推进，到最后才教初始技术环节，这一教学过程，称之为"逆进分解求整法"。例如标枪项目，一般都是先教最后发力的技术环节，再一步一步地逆向推进到初始技术，从而实现完整技术教学的任务。类似的还有标枪的持枪助跑、铅球的侧向和背向滑步、铁饼的旋转投等。

此方法的优点在于，能突出关键技术，使其关键技术环节有较长的时间、较多的机会得到强化，从而使学生有效地掌握好这些项目的完整技术。

2."切割分解求整法"

有些田径项目的教学方法，是从中间环节切割分解进行教学，再向"两头"发展（一头是初始技术环节，另一头是最后技术环节），这一教学过程，可称为"切割分解求整法"。如跳高、跳远项目，先从原地模仿起跳开始教起，再教腾空与着地动作和助跑技术；又如短跑与中长跑项目教学，也是先从中间切割开，先教途中跑，再教起跑、弯道跑和终点冲刺跑；再如跨栏跑、竞走等项目，均可采用此方法。

"切割分解求整法"在田径教学中是应用最普遍的方法。其最大特点是突出了重点、难点和关键技术，有益于完整技术的掌握。因此，在采用此法教学时，要紧密结合化难求易教学法，方可达到最佳的教学效果。

3."顺进分解求整法"

对某项田径技术进行教学时，先从初始技术环节教起，再按其技术结构的顺序教下去，最后完成完整技术的教学任务，这一过程为"顺进分解求整法"。如撑竿跳高、三级跳远等项目的教法，一般是采用此方法进行。

（三）"综合求新"教学法

"综合求新"教学法，实质是综合即创造的理论在田径教学中的具体运用。事实证明，现代科学技术的发展表现在不同学科之间的交叉逾越，协同发展，体现了"杂交优势"与"综合即创造"的特点，在高校田径运动教学理论中也不例外。

学科渗透不仅表现在社会科学、人文科学与自然科学之间。如体育基础理论课中的生物科学方面，就有人体解剖学、运动生理学、运动生物力学、运动生物化学、运动医学等。体育科学的内容很广泛，它涉及自然科学和社会科学的各个方面，反映了现代科学技术相互渗透的特点。因此，田径运动的教学理论必须以各有关科学的发展作为自己发展教学理论的基础。可以说，如果没有对田径专业理论知识的深入研究，那么田径运动教学理论中的许多重大课题就无法解决。而这些基础科学又必须结合田径运动教学实践，才能发展成为具有田径专业特点的专业基础理论。反之，我们所研究的田径教学理论与方法，同样需要这些学科知识的综合，真正做到不同学科之间的交叉渗透，协同发展，发挥其"综合即创造"的最佳作用，使田径运动教学理论不断更新知识和内容，这就是"综合求新"教学法的理论基础。

在田径运动教学实践过程中，"综合求新"教学法的应用，是在理论教法与技术教法的创造性思维指导下进行的，如"综合平衡法""综合利用法""技术方法与手段集成法""教学流程法"和"循环练习法"的采用，都是"综合求新"教学法在田径教学中的具体体现。如三级跳远的教学，为了使学生掌握好单腿跳、跨步跳和跳跃技术，可以把单腿跳、跨步跳、单跨跳组成一个"循环练习"。"循环练习法"主要是采用成组连续完成数种技术练习的形式，依照渐进负荷的原理，作用于人体各部位，以达到增强肌肉力量和心血管系统及呼吸循环系统功能的效果，它还是综合间歇训练、负重训练、重复训练的一种综合性的教学与训练方法。

（四）"假想求真"教学法

"假想求真"教学法具有创新改革的特点，它是培养学生创新能力的教学方法。它与其他事物的发生成长一样，都经历了从无到有、从不被人们了解到被人们了解、从不被重视到被重视的发展过程。国内外学者都认为在教学中培养学生这种创新能力是非常重要的。

当今世界正处在变革时期，最需要的是勇于在迷途中开拓新路的能力和敢于向前途莫测的世界探索迈进的勇气。而那些只知道重复指导动作要领和要求学生死记硬背的教条方法，是不可能培养这种品质的。特别是在21世纪，"假想求真"的能力——能够把不可见的东西描述得非常形象的能力，即人们经常所说的"构想力"，在田径教学、训练、竞赛中显得格外重要。为了使学生掌握这种"构想力"，就要培养他们经常探索的习惯。探索必须假想，所以还要引导学生进行假想、进行求证，要使他们懂得站在多种角度上去考虑问题。

在高校田径教学中，"假想求真"教学法实际上就是假设教学法在田径教学实践中的具体运用，要把没有的东西设想为有、把不可能实现的事情假想成能实现的……它比发现法更富有想象力，更能培养学生的抽象思维能力。它的主要目的如下。

（1）培养学生内省的思维方式和独立思考与构想能力。

（2）培养学生主动探索精神及创造性能力。

（3）锻炼学生查找资料与获取信息的能力。

（4）养成学生信息追踪及信息处理的能力。

六、高校田径运动理论教学法

这里所讲的理论教学方法是相对而言的，知识以理论教学为主，有时在技术教学中亦可采用。

（一）讲授教学法

讲授教学法是教师通过语言向学生传递知识与信息的方法，它包括讲读法、讲解法、讲述法和讲演法。讲授教学法是其他教学法的基础，是我国各类学科普遍使用的一种教学方法，它由教学输出系统和输入系统构成。

1. 信息输出系统

教师通过讲授教学法把田径运动理论知识信息传给学生，叫作信息输出。其工作过程有以下内容。

（1）信息交换。在田径运动讲授教学中，需要把存储的田径知识变成可传输的知识，即需要把教材（教学内容）变成可以输出的形态，也是学生可以接受的形态——通过备课写教案来实现。要做到这一点，则应具备5方面的条件。

①能够确定适当的传输形式，并把各种形式综合应用。如用语言输出、板书、图表、电视录像、多媒体等。②制定出传输的状态序列，即定出传输的程序。如中长跑教学法理论，先教什么、采用什么样的手段和训练方式、应用哪些基本方法和专门练习、重复多少次等。③利用有关的简易形象动作，教会学生掌握重要技术环节。如教员讲授起跳动作时，要求起跳腿做到髋、膝、踝充分蹬直，只需要告诉学生"头向上顶"这个动作，就能充分蹬直起跳腿。④知道新知识的应用范围和条件。如从粗糙分化到精密分化容易建立条件反射，这一知识应用到跳远、三级跳远起跳准确性的教学中，是很有效的。⑤对于所要教授的对象要明确。清楚要让学生知道什么、学生已经知道什么、学生还不知道什么等。

以上是高校田径运动讲授教学的根据与条件。没有这个根据，信息交换只能是盲目地进行，是无效的。

（2）信息发送。教师的讲授过程，其条件是教师的可输出信号与学生的可输入信号是一致的，如语言相通、表达习惯一致。田径教师的讲授教学，在于把运动技术理论与理论知识变成学生可以接受的形式，这是教材所不能代替的。

（3）输出工具。指帮助教师输出的教具，图表、幻灯、电影、多媒体等现代科学技术的教学手段，为教师提供了更新、更多的输出途径。

（4）输出的干扰。主要是教师的自身干扰，如田径教师在讲述过程中，海阔天空地讲些与本课无关的内容。

2. 信息输入系统

接收输出系统发来的信息，叫作输入系统。信息输入的主要对象是学生，田径运动讲授教学法的接收过程中学生有效输入的条件如下。

（1）已具有理解新知识的基础知识和预备知识，并达到可使用状态。

（2）与教师有共同的信息基础，如语言是相通的，所以要求教师讲普通话是非常重要的。

（3）感觉器官是正常的，并在教师输出时处在输入的心理状态，意识活动与教师的输出是同频、同步的。

田径运动讲授教学信息输入的变换，与输出系统的信息变换是类似的，但过程相反。在这个过程中，学生同样需要用自己的知识去理解（说明）未知的知识，对知识进行还原，对知识进行运用。

田径运动讲授教学法的输出到输入，是一个传输过程，这一过程的正常进行和完成叫作疏通。在这个过程中不可避免地、不同程度地也会受到各种各样的干扰。要保证田径运动讲授教学法这个相对独立系统的存在和顺利进行，就必须设法排除来自各方面的干扰，不仅要排除教师和学生的自身干扰，还要排除外界的各种随机干扰。只有不断同这些干扰做斗争，才能保证讲授教学法的应有效果。

（二）调控教学法

在教学过程中，通过及时反馈来调节和控制学生对学习的自我强化和教师对教学的强化作用，叫作调控教学法。调控教学法是由以下内容决定的。

1. 田径运动调控教学法的既定性

田径运动教学法是根据一定的大纲内容进行的。这就是调控教学法的目的决定性和知识决定性。

田径运动调控教学法的方式方法是由知识（教学内容）的特点决定的。知识内容不同，其结构形式也不同，但无论什么知识也都具有以下性质。

（1）田径运动知识的形式。田径运动理论知识的存在形式的特点很多，有抽象性和形象性、典型性与具体性。如跑的正确着地技术，其着地点接近身体重心的投影（抽象性）；标枪运动员最后用力的动作是"鞭打"式技术（形象性）；跳高运动员起跳技术是"制动性"起跳（典型性）；全能运动员的成绩是按评分表来计算的（具体性）。

（2）田径运动理论知识的可传递性。虽然田径运动调控教学的既定性是教学的出发点和根据，但是教学目的与要求能否达到，还要由教学实际情况来决定，这就是调控教学随机状态的决定性。它主要决定于以下几个方面。①教师的随机状态。主要包括教师对理论知识输出的准备状态（备课）和教师对理论知识输出的实现状态。②学生的随机状态。主要是学生的心理状态、知识状态和智力状态。③条件的随机状态。外因的干扰、学生的纪律、教学设施、教室、座位和灯光等，这些常常使教师不得不改变方案或事先做好创造条件的调控。

2. 田径运动调控教学法反馈的及时性

（1）田径运动调控教学法的目的在于教会学生掌握一定的田径运动理论知识。检查学生是否掌握知识的唯一的办法是看学生的输出。通过学生对教师的输出（反馈），教师才能知道学生是否已掌握知识或者还存在的问题，以便采取一定的措施。这种反馈的调控教学法是可靠的教学，是教师所要追求的。无反馈的教学，会导致教师的行为有一定的盲目性，教师对学生在学习过程中的情况和问题一无所知或知之甚少，所以是不可靠的教学。

（2）教师向学生传递理论知识之后，让学生输出按照教学目的所要求学生应掌握的理论知识的内容，以维持教学过程的正常进行，这种反馈叫作负反馈——在教学中，应当把它放在重要位置上，因为这是主项（教师），是教师调控的反馈。学生出现疑难问题，提出要求教师解答，以维持正常的学习，这种反馈叫作正反馈——在教学中，这是负项（学生），是学生调控的反馈。

（3）反馈的形式有多种。教师根据目的不同而采取相应的反馈形式。如课堂的提问，这种反馈是可靠的，但费时较多，了解的范围也小。通过小考反馈，能节约时间，了解的范围也宽，是一种好的反馈形式。

（4）在理论调控教学过程中，作为调控的反馈应具有以下性质：①及时性。不及时进行反馈就起不到调控教学的作用。当堂提问就是一种及时的反馈，单元、阶段考察也属于此类。②可靠性。调控作用的反馈，必须采用可靠的反馈。应当让学生做实质性的输出，回答实际问题，做所学的作业等。③准确性。不准确的反馈也起不到调控作用，要进行具体分析，认真得出确定的判断。似是而非的评价，虽然有反馈也没有调控作用。

综上所述，调控教学法具有以下优点：及时反馈、及时补缺、及时纠错、及时解释、及时讲评和自我评定，并自我改进学法和教法，促使学生和教师同时强化。

第二节　高校田径教学的目标与考核

一、高校田径运动教学的目标与任务

高校田径运动教学是教师为实现预期的田径运动教学目标所进行的有计划的

组织活动。实践证明，任何一门课程的教学过程，必须通过计划、组织、实施、控制等基本职能的有效运转，合理地利用各类要素（如场地、器材、教科书、参考资料、各种文件等），使人、财、物、信息、时间和环境等资源相互配合，使课堂内外的各环节协调一致，为实现预定的目标而发挥最大的效能。因此，明确田径运动教学的目标具有十分重要的意义。不同学科的性质和具体任务是不同的，但基本的设想目标是相同的。设想的目标应该是明确的、可以检验的，否则便无从测定教学效果。由此可以确定高校田径运动教学的目标是以最少的人员、场地、器材、时间去完成既定的任务，或以一定的时间、人员、场地、器材去完成尽可能多的任务。具体到每堂课而言，就是要尽可能提高教学质量，增加学生有益知识信息量与运动负荷，提高学生课堂上的教学能力和掌握锻炼的方法，使之成为合格的田径教育工作者。为了实现高校田径教学过程的目标，每位教师必须注意两个方面和三项任务。所谓两个方面，其一是以学生为主体；其二是以发展为中心。所谓三项任务，其一是教师把知识技能传授给学生，提高学生田径理论知识、技术水平和认知能力；其二是提升学生的身体素质和智力能力，使之掌握各项技术的教学方法；其三是培养学生的道德品质，加强人文素质教育，全面发展学生的个性，包括学生情感、意志、性格、美育行为、习惯等。

为了完成教学任务，在教学过程中，必须遵循教学原则。究竟有哪些教学原则应当被遵循，各家说法不一，提出的教学原则也是有多有少。就我国而言，系统地接受外国的教学原则是从20世纪50年代学习凯洛夫所著的《教育学》提出的5条教学原则开始的，这5条原则指的是直观性、自觉性、系统性、巩固性、可接受性教学原则。实质上，这5条原则是17世纪夸美纽斯的5条教学原则的翻版。这5条原则并不是很完美，因为它没有一条反映教学的目的性和方向性，仅仅是5条技术型原则。后来经过许多学者的补充修改，提出了7条原则。在凯洛夫的《教育学》第2版译本中，也由5条增加到7条，即增加了教学的思想性原则和方向性原则。应当注意到，有的书上所写的教学原则达13条，甚至更多。之所以对教学原则的提法如此不一致，是因为教学原则本身不是客观规律，而只是客观规律的主观反应。所以每个人的理解、反映及认知水平不同，从而每个人对教学原则的提法也就不尽相同。我们认为高校田径运动教学原则可遵照《教育学》和《学校体育学》中的教学原则进行教学。

二、高校田径运动教学管理体系

高校田径运动教学管理体系，实际上就是指田径教研室的教学管理问题。

（一）责任

教研室教学责任体系建立的要求是，责任清楚，分工具体。室主任负责总体责任，副主任负责分管责任，年级组长负责专线责任，教学小组长负责保证责任，教师负责岗位责任。

（二）质量

教研室本着突出重点、用数据说话、紧扣环节、互相制约的要求，对教学质量评估内容进行层层分解、重点考核。

1. 计划要求

即整体性、激励性、可行性、应变性、针对性，统一大纲、统一教材、统一进度、统一教法、统一考试。

2. 上课要求

任务名、重点名、文件名、难点名；组织教学好、讲解示范好、基本教法好、思想教育好、完成任务好。在教学评估时，还要加一个教案内容好。

3. 课堂常规要求

（1）教师：文件完备（有大纲、进度、教案、考勤本），场地落实（沙坑松、场地平、器材齐），着装标准（软底鞋、运动服），仪表端庄（举止文明、言辞有度、平易近人）。

（2）学生：认真、活跃、勤学、苦练、注意安全、遵守纪律、爱护公物。

（三）考核

严格考核是落实好责任制的关键。没有严格的考核，再好的责任体系、再细的质量标准，也只能是纸上谈兵。考核工作涉及面广、政策性强，为此，教研室应采取自评、专线、交叉考核相结合的方式，教研室通过全体会议审定方法，使考核工作得以顺利进行。

（四）奖惩

奖励与惩罚是对责任者的激励教育。奖惩分明得当，能更好地发挥教学责任制的作用。奖惩制度必须遵循以下规定。

（1）必须充分体现奖勤罚懒、奖优罚劣、多劳多得、少劳少得的原则。

（2）要充分体现工作任务重和工作任务轻、工作复杂和工作简单、工作繁重和工作轻松之间的差别。

（3）教职工的奖酬金，必须与本人承担教学任务的多少密切联系起来，同时与质量挂钩。

（五）信息

信息数据资料是考核与奖惩的凭据。信息内容必须与责任制内容相一致；务必及时地按程序反馈到教研室，并以此为据来检测教学责任的执行情况，决定奖惩情况。

（1）工作效益信息：K=W/R（K表示工作效益，W表示按计划需要教学人员数，R表示教研室实际投入教学人员数），当K<1时，说明工作效益一般；当K=1时，说明工作效益好（或饱和）；当K>1时，说明工作效益很好（或超负荷）。

（2）教学工作量率=实际完成教学工作时间/计划要求达到工作时间×100%。

（3）学生学习成绩反馈信息：

及格率=及格人数/全部学生人数×100%。

良好率=良好人数/及格总人数×100%。

优秀率=优秀人数/及格总人数×100%。

其他信息……

（六）备课

（1）备课以教学小组为单位，根据质量体系的要求进行，可采用统一与分散相结合的备课方法。

（2）技术难点、技术关键、教法要点、教学重点，要经过集体讨论，做出统一的教学方法安排；术语解释、要领讲解、名词解释要有统一说法，提倡有创造性的教学方法。

（3）教案写法不拘一格。但内容要简洁，任务要明确，步骤要有序，方法要合理，手段要少，组织要严密，要求要准确，要领要精练，练习有量，强度有质。

（4）助教上课前必须试讲，经教研室主任批准方可上课。

（七）教学评估

教学质量评估，既是教研室中心工作之一，也是学校教学管理中带有战略意义的一项工作。它既能促进教学管理，加强教研室建设，提高教学质量，又能调动教师和学生的积极性。因此，根据对高校田径教师的教学要求，应制定出以下评估指标内容、标准与方法。

1. 评估指标内容

（1）教案内容：应当符合教学大纲，任务明确，科学性强，系统连贯，结合实际，便于实施。

（2）组织教学：场地器材符合要求，上课下课准时，队列调动合理，安排练习强度密度合适，运动负荷适当，安全教育有保障。

（3）思想教育：着重以表扬为主，调动学生积极性，提倡互助友爱，要求学生不怕苦、不怕累，培养学生勇敢顽强的精神，大力发展学生个性。

（4）教法教态：手段少而精，要求准而严，要领简而短，语言美而易懂，术语准确，教法有重点。

（5）发展能力：教学生能讲解，能示范，善于掌握技巧和选择练习方法，有育人的本领，能理论联系实际。

（6）完成任务：负荷有数量，强度有质量，知识有分量，能力有发展，学生有收获，安全无事故。

2.评估标准与方法

把指标内容制成表格（6项一级指标、36项二级指标，分优秀、良好、及格、不及格四个等级，6项指标完全符合、2/3以上指标符合、1/3以上指标符合、1/3以下指标符合，最后是评定等级），发给需要评估课程的有关领导、同行专家和教学班的学生进行填写（评估），每学期评估一次。统一由教研室确定时间发放表格、收回表格。要求评估者必须对每个一级指标分别进行评定，在每个一级指标后面，有6个二级指标，被评者的教学情况，能全部符合6个一级指标评为优秀，2/3以上符合者为良好，1/3以上符合者评为及格，1/3以下符合者评为不及格。评定总成绩时，看6项一级指标中如有4项得优（无不及格者），总评为优秀；有3项为优或4项得良，评为良好；有3项得良或4项及格者，评为及格；3项不及格者，评为不及格。

相互看课是相互学习、取长补短的一种重要措施，是及时开展教研活动、进行教学评估的依据，又是进行教学改革的基础。这就要求每位教师每学期必须相互看课4~6节，并做好记录待查。课后要与被看者交换意见（或会议上进行评议）。只有在看课基础上进行教学评估，才是可靠的评估，才能达到评估的目的。

（八）考试评估

当前，考试评估是田径运动教学管理工作中的薄弱环节，在很大程度上影响教学质量。因此，抓好考试评估是提高整体田径运动教学质量的重要措施。

1.考试评估的目标

教育测量以考试为手段，考试是测量的一种形式，是以一定的方式将学生某种心理品质或者学历程度和学识水平等的变化与客观的标准进行比较，并依照这一标准对变量赋值的过程。

在考试过程中，按个人的好恶、倾向而偏离了既定标准，是导致考试不精确的一个原因，尤其是论文式考试对试卷的评分离不开个人的判断。因此，应当做出要求，在田径考试中，任何个人的判断都应恪守对试卷的客观判断，即按既定的标准判断考试达到标准的程度，使得考试的结果能被大家所接受，促使考试的客观化。这就是考试评估的目标。

2.考试评估的要求与内容

考试评估是提高考试质量的重要手段。因此，学校要求教务部门注意，未经考试评估的课程，均不得视为一类课程。

在评估过程中，要追踪考试前后所应完成的一系列工作内容，如该课程是否有教学大纲和题库，无题库的课程还要求必须有考试大纲、双向细目表；又如，试题与任课教师是否脱钩、未脱钩的是否有三套以上的试卷、有无标准答案和评分细则，以及是否进行了考试动员；再如，在考试期间是否贯彻了考场规则，考试组织是否严密，监考人员是否认真负责，督考人员是否按时到位检查，考完后是否用流水作业法评卷，授课教师是否按时完成试卷质量分析和考试总结，教研室是否按时组织专家评估，最后系里是否成立评估组进行评估复审。把以上的内容，组成一个考试评估程序，全面完成后，再等待校、院教务部门进行评估验收，这一工作才算基本结束。

3.考试评估的任务

要明确考试评估的任务首先要了解"分"是什么？"分"是考试成绩的基本度量单位，"分"表示受教育者达到预定目标的程度，它通过学生增加的知识量与教学目标规定所必须增加的知识量之比来表示。根据对"分"的实质性了解，就不难得出考试评估的任务。

考试评估的任务就是对考试质量的分析，包括组织实施过程的质量和考试自身的质量，即对学生通过考试所得的"分"的真实性、可靠性进行具体分析。

(1)进行难度分析：就是对考试试题与应试者实际水平是否适合进行检验。

(2)进行区分度分析：就是检查各道试题鉴别能力的强弱，试题能否准确区分不同水平考生的差异。

(3)进行信度分析：是指同一份试卷，两次或多次测试条件基本相同的对象，所测结果相符的程度。

(4)进行效度分析：一般用考试所得的分数与能体现考试目的的效标分数之间的相关系数表示。

4.考试评估的措施

(1)进行动员，使每位教师明确目标、任务、要求、内容和措施。

(2)打印资料，简要介绍评估方法。

(3)按时检查督促，给予充足时间完成评估进度。

(4)与晋升职称和评选先进挂钩，与个人利益挂钩。

(5)成立评估领导小组，设计表格、安排进度、及时公布，将评估情况一一登记在案。

三、高校田径课程学生成绩考核与评价内容、方法

高校田径课程教学的考核内容应包括理论、技术、技能、学习态度与情意表现。技术考核又分为技术评定和成绩达标两部分。

(一) 高校田径运动基本知识的考核与评定

对高校田径基本知识的考核一般可采用笔试、口试等方式进行。在具体操作形式上可采用开卷与闭卷相结合,在开卷中又可采用专题作业、教学设计、调查报告、课中完成答卷等形式。在闭卷中,高校田径理论考试方法已逐步趋向标准化。采用试题库,在电脑上按一定要求采用自主拼题的方式进行。高校田径试题库的编制应根据教学目标、教学要求来确定学生应该掌握的知识点,然后制订严密、科学的试题库编制计划,按计划进行编制,以便保证题目对知识和能力测试的有效性、可靠性、客观性。全部题目必须经过实践检验并符合要求后,方可存入题库。

(二) 高校田径运动成绩的考核与评定(成绩达标)

达标成绩的评定应考虑学生个体差异、努力程度和进步幅度等因素,可按绝对成绩与相对成绩(进步成绩)结合起来进行评价。教学结束时的达标成绩依据"绝对评价标准"进行评分;相对成绩(教学结束时的达标成绩——教学初始时的达标成绩)依据"相对评价标准"进行评分。

(三) 高校田径运动技术的考核与评定

1. 专家评价法

所谓专家评价法就是选择各个项目经验丰富的行家对学生的技术动作进行定量评价,这是高校田径教学技术评定中最为常用的方法。该方法的特点是操作方便,但是由于专家评价法主要依靠专家的主观经验进行评定,因此,评价结果的有效性、可靠性在很大程度上会受到专家的知识、业务水平、经历、专业经验的影响。为了提高评价结果的有效性、可靠性、客观性,所挑选的专家必须具备较高深的专业知识,公正无私,具有独立见解等。

专家评价结果的有效性和评价的质量,与参与评价的专家人数有关。参加的人数过少,则每一名专家所起的作用就越大,对评价结果所产生的影响也就越大。这样,势必会放大每个专家的作用。而参加的专家人数过多,又不便于操作。在高校田径教学的技术评价中,一般认为3名专家进行评分比较适宜,可去掉最高分、最低分,取中间分作为最后得分;也可取3名专家的平均分作为最后得分。

2. 全程技术与半程技术比较法

学生完整技术动作所表现出来的运动成绩与分解技术动作所表现出来的运动

成绩的差值,可以作为衡量完整技术动作效果的评价指标。

(1) 跨栏项目:全程栏成绩-平跑成绩(数值越小反映技术越好);跨栏周期平均速度/平跑速度(反映跨栏跑与平跑速度差距大小。该系数越接近1,表明跨栏跑时平跑速度利用率越高,跨栏技术水平相对越高。优秀运动员的此项数值可达0.9左右);栏间跑第一步速度/跨栏步速度(反映过栏技术与栏间跑技术结合能力。该系数大于1,表明过栏后立刻转入栏间跑,跑跨结合好。优秀运动员的此项数值可超过1);跨栏步速度/栏间跑第三步速度(反应栏间跑第三步技术与跨栏步技术结合情况。该系数越接近1,表明过栏时水平速度下降越小,栏间跑技术与跨栏步技术结合越紧密。优秀运动员的此项数值可达0.9以上)。

(2) 跳类项目:全程助跑成绩—半程助跑成绩(数值越大反映技术越好)。

(3) 投掷类项目:完整投掷成绩—原地投掷成绩(数值越大反映技术越好)。

3. 预测成绩与实测成绩比较法(剩余观测数评价法)

根据预测成绩与实测成绩的差值比较,在一定程度上可以反映出运动技术的优劣。所谓预测成绩是指某个个体在既定的身体形态、身体素质条件下,某项目经过一定时数学习后所期望达到的运动成绩。实测成绩则是指某项目教学结束时实际达到的运动成绩。该技术评价方法可按下列程序进行操作。

(1) 随机抽取一定数量的测试对象作为样本,然后测试每一个个体与该项目有密切关系并且相互之间具有一定独立性的身体形态、身体素质指标。

(2) 运用逐步回归分析法,建立一个运动成绩预测数学模型(方程中的指标数不宜太多,2~3项指标比较适宜)。

(3) 当确认预测方程具有使用价值时,只要将描述学生运动潜力的指标测量值代入方程,便可推算出在现有运动潜力基础上,期望能达到的运动成绩。

(4) 进行技术评价。首先求出剩余观测值,田赛项目:剩余观测值=实测成绩-预测成绩。径赛项目:剩余观测值=预测成绩-实测成绩。然后依据剩余观测值进行技术评价,一般来说,若剩余观测值为正值时,则反映该学生的技术水平高于平均水平(数值越大技术越好);若剩余观测值为负值时,则反映该学生的技术水平低于平均水平(数值绝对值越大技术越差);若剩余观测值为零时,则反映该学生的技术水平处于平均水平。为了便于操作,也可依据剩余观测值制订田径运动技术评价常模。

4. 运动生物力学技术分析法

这种测量评价方法是指使用各种仪器设备对运动技术的生物力学特征进行测量,然后结合运动解剖学特点,运用运动生物力学原理对测量结果进行分析和评价。技术动作的生物力学指标,包括整个动作或动作各阶段的时间、速度和加速度,完成动作时发挥的力量,身体姿势或身体各环节的位置等。

（四）高校田径运动教学能力的评定

体育教育专业的培养目标主要是中小学体育师资，因此，本专业培养的学生除了必须掌握基本理论、基本知识、基本技能外，还必须具备一定的教学能力。对于田径教学能力的内涵和外延，不同的学者有不同的表述，但田径教学设计能力、田径教学实施能力、田径教学评价能力则是反应田径教学能力的核心内容。每种能力又包含不同的观测点。

1. 田径教学设计能力

（1）编写教案能力。

（2）对田径教学理论的研究能力。

（3）了解学生情况能力。

（4）制定田径教学行为目标能力。

（5）制定田径教学文件能力。

（6）运用教材教法能力。

2. 田径教学实施能力

（1）思想道德教育能力。

（2）安排教学步骤能力。

（3）课堂组织能力。

（4）讲解能力。

（5）示范能力。

（6）纠正错误动作能力。

（7）教学应变能力。

（8）组织比赛与裁判能力。

（9）布置场地器材能力。

（10）运用现代化教学手段能力。

3. 田径教学评价能力

（1）技术动作分析与评价能力。

（2）教学效果评定能力。

（3）学生成绩评定能力。

由于反映田径教学能力的观测点太多，操作起来比较困难，因此，在实践中对于教学能力的评价可重点测评以下5个方面：编写教案能力，讲解与示范能力，课堂组织能力，教学方法与手段的运用能力以及技术动作分析与教学效果评价能力。

(五)学习态度与情意表现的评定

作为学习态度与情意表现的评定,从教育测量学的角度出发,是指根据一定的标准对教育过程中所产生的思想、学业、行动和个性等方面的变化进行评价的过程。目前一些发达国家在各门课程的评价中越来越重视学生的学习态度和情意表现。

对于学生学习态度的评价指标可包括以下几个方面。

(1)在田径课中能否全身心地投入。

(2)能否积极思考,为达到目标而进行反复练习。

(3)能否认真接受老师的指导。

(4)田径课出勤情况。

(5)课外能否积极地进行练习。

(6)运动成绩与运动技术的进步幅度。

对于学生情意表现的评价指标可包括以下几个方面。

(1)能否战胜胆怯、自卑,充满自信地进行学习与练习。

(2)能否敢于和善于克服各种主观、客观的困难与障碍,挑战自我、战胜自我,坚持不懈地进行学习与练习。

(3)能否善于运用各种心理调节手段控制自己的情绪(平静面对挫折和失败),排除干扰,心静如水地进行学习和练习。

对于学习态度、情意表现等方面的考核,可采用自我评价、相互评价和教师评价相结合的方式进行评定。

第三节 高校田径教学改革的困境思辨

一、高校田径运动教学的现状

高校田径运动受到冷落的原因是多方面的,从教学的角度来说,主要有以下几方面的原因。

(一)教学方法单一

很多高校田径运动在教学中仍使用传统的教学方法,在教法上,多以讲解、示范等传输式的教学方法为主;在学法上,以强调模仿练习等方法为主。这些单一的方法容易使学生感到单调、乏味,并且会限制学生自主学习能力的培养和创造性的发挥,不能调动学生学习的积极性和主动性,使得整个教学过程缺乏趣味性和娱乐性,从而使学生产生厌烦心理,对田径运动课失去兴趣,进而影响教学效果。

(二) 教学模式追求竞技化

目前，很多高校的田径运动教学仍采用传统的教学模式，无论是在基础课还是在选修课上，都以技术教学为主，呈现出重竞技轻健身的倾向。很多的田径教师过于追求田径竞技项目的完整性、系统性，过于重视走、跑、跳、投等技术动作的教学，强调技术的统一性和动作的标准性。但由于学生之间存在着身体素质水平的差异和对各项技术动作理解能力的差异，导致这种技术的统一性和动作的标准性很难全部实现，因此，这种教学模式会影响到田径运动课的教学质量，从而限制学生基本运动能力的发展和综合素质的提高。与此同时，这种技术的统一性和动作的标准性也会给学生的生理和心理带来一定的压力，成为一种负担，使田径运动很难对学生产生吸引力。

(三) 教学理念陈旧

田径是以个人活动为主的项目，其表现形式多以人的走、跑、跳、投为主，这些活动形式也是人类最基本的活动形式。在体育教学改革的大背景下，很多的体育项目教学开始转向"以人为本"，意识到教学的目的是提高学生的各项能力与素质，因此，在教学过程中注重学生的个体感受，以发挥学生的积极性和主动性为主，让学生成为课堂的主体是"以人为本"的重要理念。但是受到传统教学理念的影响，高校的田径教学还没有意识到"以人为本"的重要性，在教学理念上，仍是以教师作为主体，过于注重教师的讲授与动作示范，过于追求让学生去掌握规范动作，过于追求发展竞技水平，从而使学生处于被动学习的状态，无法发挥其主观能动性，易使学生产生抵触心理，进而影响教学效果。

(四) 教学评价体系不合理

受教学模式与教学理念的影响，在高校田径课的教学评价与考核上，也是以竞技为主。对教学效果的评价，往往通过对学生的考核来进行，但这种考核方式通常是在标准的场地器材的环境下，完全遵照竞赛规则来实施的，具有浓厚的竞技色彩。在考核的成绩计算上，只是单纯地通过一些直接测量来的数据，例如通过时间、高度、远度等硬性指标来反映学生对田径中各项目的学习和掌握情况，并将成绩作为对学生的评价依据。由于这些成绩并不能全面客观地反映出学生的综合素质以及学生各方面的实际情况，因此存在片面性。另外，由于这种评价方式导致了运动成绩决定体育分数的现象的产生，使得很多的学生担心自己会因身体素质差而通不过考试，从而放弃对田径选修课的学习，进而导致田径课受到冷落。

(五) 师生对田径运动的内涵认识不到位

受教学方法、教学模式、教学理念等诸多因素的影响，师生对田径运动的内涵认识不到位。体育教师在教学过程中，只重视对田径运动技术的教授，而忽略了对田径的作用、功能和价值等内容的教授，导致学生缺乏学好田径对学习和提高其他运动项目的作用的认识，意识不到田径的健身作用，不了解田径运动的历史与丰富的文化内涵，不知道田径运动美的所在，不懂得如何欣赏田径运动比赛，无法从中体会到田径运动所带来的乐趣。此外，现代大学生受市场经济的影响追求时尚运动，在这种心理的影响之下，使体育舞蹈、健身操、网球等项目受到大学生欢迎，而田径运动则受到了大学生的冷落与轻视。很多大学生认为田径运动在露天操场上进行，条件艰苦，因此情绪低落，练习劲头不高，在田径课程中持一种消极应付的态度，缺乏应有的信心与毅力。

(六) 田径俱乐部未发挥作用

目前，一些高校在田径运动教学上也进行着一些新的探索，田径俱乐部就是这种探索下的产物。高校田径俱乐部是将体育教学、课外体育活动、运动队训练有机地融为一体的综合的体育教学形式。田径俱乐部的存在不仅可以弥补田径教学的不足，还可以促进高校田径成绩的发展，培养田径方面的人才。但是在实际的运行过程中，田径俱乐部并没有发挥出其应有的作用。很多田径俱乐部项目的设立并不是根据学生的实际爱好来，而是根据训练目标而来的，从而导致了学生喜爱的项目俱乐部中没有、俱乐部中的项目学生又不喜欢的现象。另外，田径俱乐部也存在着管理不完善等问题，缺乏灵活性。

二、高校田径体育教学改革的主要影响因素

(一) 学校因素

在高校田径运动课程改革这一问题上，学校领导应该给予足够的重视。学校不仅要做体育教学改革中各方面的协调工作，还要有计划地对体育教师进行相应的培训，从而提高其对体育教学改革的认识，从而自觉地进行田径教学改革的探索，并自觉地把相关的改革理论运用到实践中去，从而更好地达到田径运动教学改革的目的。

(二) 教师因素

在教学活动中，教师是教学活动的指导者、设计者、执行者。因此，教师本身的素质会直接影响到课程的发展与创新。对于田径课来说，体育教师的影响是不容忽视的，如果体育教师在教学过程中缺乏创新性，专业素质与涵养不够，势

必会影响到田径教学改革的实施，从而影响到田径教学的教学质量，所有的教学改革效果也就无从谈起了。

（三）学生因素

学生是教学活动中的接受主体，是教学活动的重要组成部分。在田径运动教学中，学生是否对田径运动感兴趣，是否能够积极主动地掌握相应的运动方法与技能，对能否实现田径教学的目的具有决定性作用。因此，在田径教学改革过程中，学生是不可忽视的重要因素，必须要给予高度的重视。

三、高校田径体育教学改革的探索方向

（一）改变教学方法

随着现代科技的进步，很多科技成果可以运用到教学中，为教学方法的改革做出相应的贡献。对于田径教学来说，也可以运用一些新的教学方法。例如，可以将网络教学引入田径运动教学中。在传统的田径运动教学方法中，教师主要采用语言讲授、动作示范、幻灯片展示等手段来加强对学生的田径运动项目的指导，教学方法过于单一。而采用网络教学，不仅可以将声音、图像等整合在一起，还可以通过网络反复观看优秀运动员的动作，从而提高学生对动作要领的掌握。另外，也可以借鉴其他体育项目的教学方法，总之，要使教学方法尽量多元化，能够最大限度地满足学生身心发展的要求。

（二）改变教学模式

为了使田径运动课程能够更好地吸引学生的注意，我们必须要改革教学模式，使其从重竞技转到重健身上。在教材的选择上，应体现出基础性、时效性和渐进性原则。在教学内容上，要体现出竞争以及全面发展的教学原则，并要具有趣味性和娱乐性，从而激发学生学习的兴趣。在教学过程中，要随时把田径与球类、体操、武术等其他体育运动结合起来，突出田径运动对其他体育项目所起的基础性作用。总之，健身式的田径教学的目的是使学生了解田径各项运动的正确动作技术，掌握一些简易的健身方法和健身知识，能够进行自我锻炼，产生终身体育的意识。

（三）更新教学理念

田径运动不仅能够有效地发展人的速度、力量、耐力、柔韧、灵敏、协调性等一系列的身体素质，增强体质，提高人的身体运动能力，还能够培养人的意志品质。但是从目前的田径教学来看，这种作用并不明显。因此，在田径运动教学改革过程中，一定要转变旧有的教学理念，要牢牢树立起"以人为本"的教学理念，要以学生为教学的出发点。在田径课的教学内容选择上要考虑学生是否能够

用所学的田径项目来进行体育锻炼，要结合大学生的身心特点，选择符合大学生身心发展特点，能够发展大学生的力量、柔韧和心肺功能等身体素质的田径项目。在教学方法上，要考虑学生是否能够发挥主动性和创造性。另外，还要考虑到学生的个体差异性，不能一味地追求竞技成绩。只有这样，才能够使田径教学为学生所接受，所喜爱。

（四）建立合理的教学评价体系

对于教学评价体系的改革，既要着眼于学生目前对运动技能的掌握情况，又要着眼于培养学生终身体育意识，提高对体育与健康的认识。因此，合理的教学评价不仅要评价学生对田径运动技术与技能的掌握情况，还要评价学生对田径运动的学习态度、努力程度等，特别是要注重对学生自身能力的纵向比较，即对学生自身能力提高的幅度做出正确的判断，以此来减轻身体素质较差的学生的压力。另外，在评价的内容上要注意全面、合理，实现定量分析与定性分析的结合，并且要建立动态评价机制，及时把评价的结果发放给学生，使其能够认识到自己的优点与不足，能够更有信心去克服自己的不足，防止毫无目的的机械练习。在评价方式上，除了采用教师评价外，还可以采用学生自评和学生之间互评相结合的方式，使田径教学评价体系更为完善，从而减轻学生的心理压力，提高对田径运动的兴趣。

（五）提高师生对田径运动内涵的认识

在田径教学中，教师首先要提高自身的专业素质，提高对田径运动内涵的认识，只有这样，教师才能够带领学生去进一步认识田径运动所带来的积极意义。其次，教师要系统完整地向学生传授有关田径运动发展的相关知识，使学生能够全面地了解田径运动的实质，认识到田径运动对其他运动项目所起的基础性作用，清楚田径运动的锻炼价值所在。与此同时，教师要教会学生如何欣赏田径运动，使其体会到田径运动中长跑的耐力与战术、短跑的速度与精确、跳高的腾飞与舒展、投掷的力量与美等方面带来的精神上的享受，促使其对田径产生兴趣。

（六）发挥出田径俱乐部的作用

田径俱乐部的项目选择，要以学生的兴趣与爱好来进行设立，使其能够在体育课以外的时间，也能够练习自己喜欢的田径运动项目，提高自身的运动技能，并且能够从教师那里得到更多的关于田径运动的知识。在管理上，田径俱乐部要以灵活化为主，并且要分工明确、管理规范。

总之，高校田径运动教学还存在着诸多问题，需要我们进行积极地改革与探索，只有这样，我们才能够更好地贯彻和落实终身体育的思想，为大学生走向社会后能够继续进行体育锻炼打下良好的基础。

第四章　高校田径教学手段创新

第一节　多元智能理论下的高校田径教学创新

一、多元智能理论的内涵

19世纪英国思想家赫伯特·斯宾塞（Herbert Spencer）第一个把智力这一术语真正引入科学心理学的范畴。之后，心理学领域就开始了智力理论的科学探索。传统的智力理论通常把智力定义为那些解决问题，寻求特定问题的答案，以及迅速有效地学习的能力。这种智力观强调的主要是数理逻辑或语言方面的能力，而忽视了在人类和个体生存与发展中同样重要的其他能力。美国心理学家加德纳在多年来对人类潜能的大量实验研究基础之上，针对传统的一元智能理论提出了多元智能理论。他认为，智力是在某种社会或文化环境的价值标准下，个体用于解决自己遇到的真正难题或生产及创造出有效产品所需要的能力。在加德纳看来，智力的核心和衡量的标准并不是像传统智力理论所说的那样是语言能力和抽象思维能力，而是解决现实生活中实际问题的能力以及创造出社会需要的有效产品的能力。

多元智能理论的内涵主要表现在以下两方面。

首先，人脑至少有9个不同的"智力中心"。加德纳根据研究认为，目前可以确证的智力有9种：言语—语言智能、逻辑—数学智能、视觉—空间智能、身体—运动智能、音乐—节奏智能、人际关系智能、自我认识智能、自然观察者智能、存在智能。加德纳认为，每个人与生俱来都在某种程度上拥有上述几种智力潜能，环境和教育对于能否使这些智能得到开发和培育有着重要作用，每一种智能通过恰当的教育和训练都可以发展到更高的水平。个体间智力的差异在于智能的不同组合,一个人有很高的某一种智能,却不一定有同样程度的其他智能。教育的起点不在于一个人有多么聪明,而在于怎样变得聪明,在哪些方面变得聪明。多元智能理论在教育界受到关注的原因是因为它从心理学的角度阐述了学生与生俱来的差异性,他们没有相同的心理倾向,也没有完全相同的智力,但具有自己的智力强项,有自己的学习风格。所以,加德纳提出的多元智能理论的,不仅对整个教育领域有着深刻的影响,同样对高校田径教学改革也有着诸多的启示。

其次,这几种智力是相互联系的,而且通常有一个主要或次要的智力。加德纳认为,这几种智力基本上在每个人身上都是存在的,只是由于遗传或环境等方面的原因,各种智力在每个人身上的表现程度不同。例如,人际交往智力强的人喜欢群体活动,善于交际、相处和交流;而身体动觉智力强的人喜欢运动、操作,喜欢动手实践,对于动作技能掌握得很快等。个体在获取信息时可能主要使用某一种智力,但正如"单丝不成线,独木不成林",在做每一件事时,其他智力都要共同参与。

二、多元智能下高校田径教学改革特点

(一)"以人为本"的教学理念,面向全体学生的教材体系

多元智能理论认为,人的智能是多元的,只有智能组合的差异,没有优劣之分,且智能又是可培养和发展的,学生智能组合的差异决定了其学习方式和理解方式的差异;同时,不同的智能领域也都有自己独特的发展过程并使用不同的符号系统,智能领域的差异决定了学生间本质特点、理解特点的差异。因此,在可能的范围内,教师的教学应立足"以人为本"的教学理念,根据不同学生的智能特点和学科特点来进行,即教师的教学方法和手段应根据学科不同、内容不同而有所不同,即使是同样的学科、同样的内容也应针对不同学生的智能特点来进行教学,创造适合不同接受能力、理解能力的学生的教育方法和手段,并给予每个学生以最大限度的发展机会。多元智能理论曾多次提到学校教学只有建立在这种因人而异、因内容而异的基础上,才能最大限度地发挥其功效。

田径教学理念往往表现为对田径教学的理性思考,是田径教学改革的重头戏。"以人为本"的理念实质上就是学生在田径教学过程中的自我实现与自我智能开发,而要实现这一理念就需要有科学合理的教材体系与之相适应。在这个理念下选择高校田径课的教材体系时要选择适合高校学生并且容易被高校学生接受的内容。可使教学内容以问题为中心,把教学内容变成问题的"链接",从而引导学生凭借自己的努力(如尝试、探索、调查、实验、合作等)进行问题"求解",使学生在问题情境中获得智能发展。还要考虑让学生今后能够用所学的项目锻炼身体,

要使学生感觉到所学的知识有用。因而，高校田径教学体系要符合学生身体发展的生理特点和规律，要适合发展学生的力量、柔韧和心肺功能等身体素质。此外，可将田径竞技运动项目科学地转变为能为广大学生所接受和喜爱的田径健身运动项目，使田径运动具有健身性、娱乐性和趣味性。这样不但可以减少学生在练习过程中所产生的不良生理反应，同时又可以使他们在轻松愉快的氛围中进行练习。

（二）师生角色再定位，充分发挥学生的主体性和自主性

一直以来，教师在教学中扮演着"传道、授业、解惑"的角色，教师成了文化知识的传播者与代言人。课程设计时教师更多地考虑教什么，对学生应该学什么考虑较少。基于加德纳多元智能理论，智力是个体解决问题的能力和创造出有个人价值和社会价值产品的能力。从本质上看，解决问题的能力是创造能力的一种。应有效利用学生的智力潜力，最大限度地提升学生的创造能力。

反思田径课程设计不难发现，陈旧的、片面的、急功近利的因素大量存在，"注入式"教学依然是田径课程组织的主要方式，加德纳多元智能理论无疑为教师在田径教学中重塑师生角色提供了方法。教师从知识的传授者转变为对学生学习的指导者、支持者，学习的合作者与伙伴以及学生的意义建构促进者；学生从知识的被动接受者转变为主动的学习者，意义建构的主动者。

田径教学课程的构建必须充分体现学生在课程教学中的主体地位。由于学生之间存在较大的个体差异，为了使课程能适应个体的需要，课程的总体设计、内容选择、教学安排、方法运用等应注意多样性，给学生以充分的选择余地，充分发挥他们的主体性和自主性。

（三）教学目标全面，提升学生综合素质

多元智能理论主张教学目标的全面性。加德纳在表达自己对学校教育的理解时说："按照我的观点，学校教育的宗旨应该是开发多种智能并帮助学生发现适合其智能特点的职业和业余爱好。"同时，他认为学校教育的目标并不只是培养学生的智力或教授基本的学科内容和技巧，学生必须对特定的学习主题有深入的理解，有进一步独立思考和解决问题的能力。

在多元智能理论视野下，高校田径教学的目标具有动态性、生成性、情境性等特点，因而田径教学目标必须由常量向变量转变，由静态向动态转变，由侧重"行为目标取向"向"生成性目标取向""表现性目标取向"转变，由小系统观向社会系统观转变，由提供共性目标向提供个性目标转变，由侧重内容目标向侧重过程目标转变。高校田径教学的目标应致力于对学生多元智能的开发，着力于全面发展学生综合素质，有利于学生身心的全面发展。高校体育课程教学应根据人的全面发展和未来社会发展的实际需要，以全面提高学生的体育素质，使学生形

成健全的个性为根本目的。也就是说,高校体育教学思想要以"健康第一"为主要目标,以终身体育、快乐体育培养学生运动健身能力和以发展学生"个性"为教学思想。

(四)全新、多维的评价体系,全面反映评价学生

多元智能理论认为,各种智能只有领域的不同,没有优劣之分、轻重之别,也没有好坏之差。各种智能是以潜能的形式存在于人们心灵之中,只要给予适当的鼓励、机会、环境和教育,几乎每个人所有的智能均能达到相当高度的发展,而且可以远远超乎所预期的程度。因此,多元智能理论提出建立旨在以促进学生发展为根本的评价体系。

(1)教学评价的目的是帮助学习者为其提供智能强项与弱项的信息,并提出继续学习方向的建议。

(2)教学评价要与教学融为一体,评价应在教师与学习者在课堂教学中、在个体参与的学习情境中轻松地进行。

(3)设计"智能公正"的评价手段,不通过语言和逻辑能力而直接观察运作中的智能。

与传统高校田径教学古板、单一的评价体系相比,多元智能理论的全新评价观为构建灵活多样的高校田径教学评价体系提供了新的思路。

(1)教学评价的内容应该是多元的、多维的,是能全面反映评价对象的,田径课程的考核不能再以竞技项目的成绩与技术作为唯一评价标准,评价内容应该以学生在进行田径课学习之后的综合素质和能力提高为评价标准。要在教学质量评价中既考评体育知识技能的学习成果,又要关注学生的身体发展和体育能力的培养,既要考评显性的体育学习锻炼结果,又要注重学生在体育课上的学习能力、学习态度、价值观、创造能力、心理道德的培养,促进学生的素质在体育教学中的全面发展。

(2)教学评价应是情境化的,要注重在实现学习过程中评价学生、反映学生真实的能力,把评价与学生学习生活融为一体,成为学习的一部分。在考核中应保证形式多样化,增强开放性、实用性、可选择性。只有这样才能使田径课考核更加科学、合理、全面、真实。

(3)教学评价的主体应是多元的,既重视教师、同学以及有关指导者的评价,也重视学生自我反省性评价。

(4)评价的手段也是多元的,如定性评价与定量评价相结合,总结性评价与过程性评价相结合,绝对性评价与相对性评价相结合等。

三、基于多元智能理论的高校田径教学模式改革思路

（一）数学逻辑智能

田径教学的过程是对学生进行田径知识输入的一个主要方面，包括培养学生理解训练的能力，鼓励学生使用不同的提问策略、提出一个悬而未决的问题，培养学生使用归纳法和演绎法的能力，指导学生根据动作方法进行技术动作的审查及深度理解的理论支持、培训。这个过程有利于学生推理能力的发展，并促进改善其数学逻辑智能。

（二）空间智能

直观教学是培养学生有真实空间智能的最直接的手段。在田径教学中，采用直观教学方法可以给学生留下深刻、清晰的印象。积极的肢体语言，教师和学生、学生和学生之间的对话，可以使学生强烈地感受到学习的氛围，激发他们对田径的学习兴趣。教师可以利用电影、电视、投影、多媒体、图片等影像辅助教学工具，尝试处理简单的文本教学内容。

（三）身体运动智能

动作示范在学生用于演示自己经验中的学习内容时可以达到良好的学习效果。教师可以安排一些特定的田径项目的基本知识和基本技能的教学过程，如在跨栏教学中，让学生扮演老师的角色，模拟课堂教学场景，使学生有着更高的热情去学习技术动作，达到更彻底地了解在学习跨栏跑理论知识的基础上学习技术动作的目的。

（四）人际交往智能

大多数体育师范生未来想做一名中、小学体育教师，对他们来说语言解释能力是一项基本技能，积极开展合作性学习是培养人际智能的最佳途径。合作学习活动的有效方式，不仅可以促进教师与学生以及学生与学生之间的情感交流，还能增强学生的合作意识，开发学生学习田径基本知识和基本技能的新思维，并使上课成为一个快乐的学习过程。

（五）自我内省智能

在教学过程中，教师应激发学生的意识认知资源，引导他们理解学习任务和策略的知识。让学生主动理解自己的智能活动，规划、监控和调整自身的习惯。教师也可以分配作业，监督他们的言行，整理他们的意见。让学生知道自己的长处和弱点，并努力不断完善自己。

（六）自然环境智能

自然环境智能培训的任务是要求学生在田径教学中以自然环境和生态作为主题，指导学生学习自然环境的基本知识，将关于田径的体育报道与学生分享并讨论。这将充分发挥学生在生活中实际应用在田径课堂中学到的理论知识的能力。

四、多元智能理论对高校田径课程教学改革的指导

（一）树立多元田径课程教学教育理念

高校田径课程教学在实施过程中相对忽视对学生的运动情绪和情感的培养，没有考虑到学生自身的学习兴趣和感受体验，最终导致学生对田径课程产生厌学态度，这也就背离了田径课程教学的人文教育价值理念。多元智能理论中强调学校教育要面向全体学生，要建立人人都能感受到成功体验的教学教育理念，并且要求为每一个学生取得最终成功做好充分的教学准备。教师要摆脱传统的田径教学观念的束缚，要树立正确的多元田径课程教学观念。在高校体育教育改革过程中，学者们提出了"素质教育、健康第一"等进步的田径课程教育理念，新课程教育理念对高校田径工作者提出了更高的要求。

（二）教学目标的设定要以发展学生的多元智能为标准

传统的高校田径课程教学将体育知识的传授和运动技能的获得作为主要教学目标，具有单一性。多元智能理论认为教学目标的设定应该呈现出多元化趋势，教师应该帮助学生及时发现适合其智能特点的学习途径，并使教学与社会需求相联系。在基础教学课程改革中，新课程标准确立了体育课程的目标体系，具体表现在四个方面：增强体能，掌握和应用基本的体育与健康知识及运动技能；培养运动的兴趣和爱好，形成经常锻炼的习惯；具有良好的心理品质，表现出人际交往能力与合作精神；提高对个体和群体健康的责任感，形成健康的生活方式，发扬体育精神，形成积极进取、乐观开朗的生活态度。高校田径课程教学应该顺应基础教育改革的方向，以多元智能理论为工具来指导田径课程改革，多元智能理论为田径教学中教师针对不同学生制定的个性化教学设计拓展出极大的空间与可能性。

（三）积极开发高校田径课程教学内容资源

高校田径课程教学在选择田径教学内容时，不能只是注重发展学生的运动智能，还要注重发展其他各方面智能，这就要求高校田径课程教学应多元化地进行田径教学内容的选择。多元智能理论认为，人的智能是九种智能的综合表现，并且每个学生都有自己的智能特点，针对教学目标的多元化特点，高校田径课程教

学内容必须做出改革，在体育与健康课程改革中提出"由规定的单一教材内容，转变为灵活的、多种多样教材自主选择的教材内容"，这样的改革思路一方面有利于多元智能理论在高校田径课程教学中的运用，另一方面还可以培养学生的多元智能。

（四）灵活选择高校田径课程教学方法

课改后的教学内容不再使用统一的规格而强调针对性的个性化教育，这就使教师有了更大的主动性，即不同教师可以采取不同的教学手段与方法，自由支配田径教学。高校田径教师应该创新学习方法，根据个体差异选择正确有效的方法进行教学。多元智能理论恰好为高校田径课程教学领域的创新教育做了很好的理论诠释。多元智能理论认为每个学生都是潜在的天才，关键在于如何对其开发。加德纳还指出，对于一个孩子的发展，最重要最有用的教育方法是帮助他寻找一个他的才能可以尽情施展的地方。所以，学校体育教育方法体系的设计和选择应该本着创新教育的思路，要求教师积极采用针对性强的教学方法，引导学生自己发现和解决问题，培养学生发现和解决问题的能力。

（五）树立正确评价观，注重多元化和发展性

多元智能理论下的评价强调从学生日常学习生活的表现中获取信息，这是真实的、情境化的。加德纳认为建立"以人为本"的评价应包括四个方面：标准参照评价、基准评价、自比评价和真实性评价。借助多元智能理论的评价体系，高校田径课程教学评价可以做出相应的改革：首先，评价的内容要多元化，田径课程最终成绩应包括理论成绩和实践成绩；其次，高校田径课程教学在多元智能理论的指导下，应该采取多种评价方式互补的多元评价方式；最后，田径课程教学评价主体要体现多元性，评价主体由一元变成多元后，学生进行田径自评、互评，教师、家长等都参与到评价中来。这样既能使评价更客观、更具说服力，也更能反映学生学习的真实情况。

（六）积极转变高校田径教师的角色

在多元智能理论指导下的高校田径教师不再只是田径技能的传授者，还应当是学生才能的发现者，教师要随时发现并帮助学生找到适合自己的发展途径，对学生的学习起到指挥棒的作用。多元智能理论指导下的高校田径课程教学改革，目的就是要使每个学生的优势智能在得到充分发展的同时，改变其弱势智能的发展，这就要求教师需要具备多元的智能素质结构，才能更好地设计出多元化和个性化的田径课程教学方式，同时教师还要善于发现自身的智能长项并且熟练地通过现代化的教学手段运用到田径教学中，最终建立个性化、多样化的教学体系。

第二节 多媒体技术在高校田径教学中的应用

一、高校田径教学活动中多媒体技术的应用价值

(一) 突破传统田径教学模式的局限性

从主观意愿角度来看，田径运动项目较多，对人们的身体灵敏度、力量、耐力、速度及柔韧度等方面有着较高的锻炼价值，可以说田径运动是开展各项运动项目的重要基础。如果依据传统的教学模式开展教学活动的话，则会大大降低田径运动项目训练的实效性，并且无法激起学生参与田径运动训练教学活动的兴趣，由此降低了整个田径运动训练教学的质量。随着科学技术水平的提升，多媒体技术逐渐被广泛应用于教学活动中，这对于田径教学而言是一大突破，多媒体技术打破了传统教学模式的局限性，通过多媒体技术的应用可以将教师平时讲解的动作直观地呈现于学生面前，学生则能够更好地掌握运动技巧。由此可见，多媒体教学工具的应用可以有效辅助田径运动训练教学活动地开展，从而大大提升田径运动训练教学效率。

田径教学的网络资源丰富。直观性既是教学原则，也是CAI课件设计中不可缺少的要素，在田径技术教学中，可以用直接绘图法，把关键动作或一个完整动作的过程演示出来；也可以通过视频影像输入法，把学生实地完成的动作用摄像机拍摄下来，需要时将这些动作回放、慢放、定格，将其动作呈现在屏幕上，在教师指导下进行反馈分析，同时给出正确动作让学生进行比较，还可以适时地添加标准的田径技术与比赛片段来赏析。这样既克服了教师重复工作多、工作难度大、学生倦怠等困难，还开阔了学生的视野，减轻了教师的压力。此外，多媒体课件从制作到应用，对教学的全程是一种动态的指导。教学内容的选择，如跨栏跑、走步式跳远、三级跳远、背越式跳高、撑竿跳高等都与多媒体课件制作有结合点；教学目标的实现在某种程度上也依赖于课件制作的水平以及教师使用的方式；对学生的分析直接关系到学生学习效果的好坏；对学生学习后的反馈也能起到明确的指导作用。

(二) 进一步提升田径教学实效性

多媒体教学资源的高效应用，需要体育教师收集相关课件资料，并且将这些课件资料进行综合整理，随后编辑形成完整的教学课件，这在很大程度上提高了田径教学的实效性，弥补了传统教学模式的不足。例如，教师在应用多媒体技术前，往往在某些体育技能动作技巧上无法运用言语表达或用言语表达不能达到预

期的效果。而应用多媒体技术后，可以通过多媒体技术的直观性及生动性将想要表达的教学内容信息传达于学生，使学生在多媒体教学环境下更能深刻地理解教师所要讲解的内容，更好地掌握运动技能技巧，从而全面提升田径教学的整体实效性。同时，强大的交互性也使学生与老师交流更畅通，对于田径运动的重点、难点动作看得更透、记得更牢，能构建完整的动作要领。

（三）激发学生参与田径教学训练活动的兴趣

激发学生参与田径教学训练活动的兴趣，对于提升整体教学效率及质量而言有着极其重要的意义。传统的教学模式已无法满足学生的个性化需求，同时也不能有效激发学生参与教学活动的兴趣和积极性。因此，在当前教学背景下，多媒体技术以辅助教学工具的"角色"应用于课堂活动中，在很大程度上创新了传统教学模式，并且因为其具有生动性、直观性及新颖性，因而可以有效激发学生的学习兴趣，使其注意力得以集中地参与到教学活动中。因此，在田径运动训练教学活动中，教师需要注重多媒体技术的应用，使其新颖性、生动性、直观性等特点能够激发学生的学习兴趣，使其更好地掌握运动技能技巧，由此提升整个教学活动的实效性。

（四）更好地提升学生的运动技能水平

田径运动项目技术动作非常多，其中难以讲解的动作环节也非常多，以至于给整体教学带来一定的难度，教师亲身示范也不能获得预期的效果。多媒体技术的应用则在很大程度上帮助教师解决了这一问题，其所呈现的生动的动画或视频，可以使学生更好地理解教师所讲解的内容，并由此有效掌握该运动项目的动作技术。在田径运动训练活动中，当学生不能清晰地形成运动表象时，是不利于学生有效掌握运动技巧的，此时体育教师需要借助多媒体技术为学生呈现出生动的运动视觉形成过程，使其在脑海中深刻地记住该动作的形象，由此在后期训练过程中通过实践将脑海中记忆的动作表象展现出来，由此更好地掌握运动技巧，提升技能水平，继而在后期竞赛活动中取得优异的成绩。

二、多媒体技术在高校田径教学活动中的应用

（一）应用多媒体技术解析学生运动锻炼不足之处

多媒体技术拥有直观性与生动性的特点，其可以将概念性的东西转换为生动性的动画或视频，由此呈现于人们的视野，使人们加深对概念的理解与认识。因此，在高校田径运动训练教学活动中，多媒体技术的应用可以有效地将田径运动技能通过动画、视频等展现给学生。通常情况下，多媒体技术可以有效地将一套完整的田径运动技能动作全过程演示出来，使得学生在观看的过程中高效掌握该

田径运动技能动作。另外，多媒体技术还具有视频影像播放功能，教师可以应用摄像机将学生完成的运动技能动作录制下来，随后通过多媒体技术视频影像播放功能将其播放出来，必要时可以对学生的动作进行慢放、回放以及定格处理，对学生的运动技能训练缺陷进行点评，使得学生可以直观地发现自身锻炼过程中的不足之处，为接下来运动中的技术动作锻炼提供有力依据。总之，多媒体技术的应用使得田径运动训练教学活动变得生动化，使得整个教学过程变为动态指导，使学生在这样的教学活动中更加高效地掌握运动技能动作。例如，三级跳远、跨栏跑等运动项目，通过结合多媒体技术将其呈现于学生面前，加上教师对运动项目动作的讲解，学生能够有效掌握该运动项目技巧，从而在更大程度上提升高校田径教学效率与质量。

（二）应用多媒体技术激发学生的参与兴趣

传统的田径运动训练教学活动往往是枯燥乏味的，学生在参与的过程中均对此不感兴趣，以至于不愿意主动参加田径运动训练活动。因此，教师为了调动学生自主参与高校田径运动项目教学活动的积极性，可以应用多媒体技术来实现，这是因为多媒体技术可以将运动技能转为生动的动画或视频，使得学生通过观看可以深刻学习与掌握运动技能动作，包括运动动作的方向、用力大小及节奏快慢等，从而更好地提升其运动技能水平。同时，多媒体技术在展示运动技能时不仅可以以一种功能展示出来，还可以同时实现多种功能展示，体现出多媒体技术的多样性特点，使得学生在声情并茂的多媒体技术环境下有效掌握运动技能动作。此外，田径运动训练活动中，对理论性较强或学科较难的重点知识，教师均会借助多媒体技术来开展教学活动，使得学生能够通过多媒体技术来掌握田径技术动作，从而使其田径运动技能水平得到有效提升，并且提升其学习自信心，激发其参与田径运动训练教学活动的热情。

（三）应用多媒体技术进一步提升学生的运动技能水平

田径运动训练教学相较于其他学科而言存在一定的特殊性，该学科主要是向学生传授一些运动技巧与方法，以期赢得竞赛成绩或有效培养学生终身体育意识。因此，开展田径运动训练活动的实质目的就是为了帮助学生掌握一些运动技能与方法。通常情况下，教师在讲解体育运动知识时，存在某运动技巧无法运用语言表达且示范难度大的情况，如果依据传统的教学方法进行讲解的话，学生往往难以理解其中的"奥妙"，不能有效掌握该运动技巧，致使田径运动训练教学效率及实效性得不到有效提升。而在多媒体技术背景下，上述教学难题得到有效解决，这是因为多媒体技术可以将该运动技巧动作进行分解，并且以动画或视频的方式展示在学生的面前，由此使学生在脑海里形成对该运动动作技巧的连贯表象，从而为其运动训练提供有力依据,为其更好地掌握该运动动作技巧,提高其运动技能水平,进而在后期竞赛中为取得良好成绩提供有力保障。

(四)应用多媒体技术提升学生主动练习的自觉性

传统的田径运动项目训练教学活动的开展相对枯燥乏味,学生在参与的过程中均无主动练习的积极性,加上部分运动动作技术由于教师表述不清且难以示范而始终不能掌握,以至于自身的练习自信心大大降低,甚至对运动训练产生厌烦、恐惧心理,导致不能有效掌握运动技能。因此,体育教师可以通过借助多媒体技术,使用多媒体技术的视频、动画播放功能将难以示范的运动动作呈现于学生面前,必要时可以进行慢动作播放,加上一定特效处理,使得整个田径运动训练教学变得生动,由此使得学生更好地掌握这些运动技能而帮助其树立学习自信心,从而使其今后自主参与到体育运动训练教学活动中,这对于提升整体教学效率及实效性有着极其重要的意义。

三、当前田径教学中多媒体技术应用所面临的困境及成因

当前,在我国体育院校田径教学中,多媒体技术应用处于着困境。调查研究显示,78%的教师在田径理论课的教学中有过使用多媒体课件的经历。但使用后的效果,存在着比较大的差距。67%的教师在问卷中反映,使用课件后收获不大。在课堂教学的效果上,多媒体课件辅助教学不如传统的教学模式。57.6%的教师认为在进行多媒体教学时,其依然扮演传统教师的角色,而不能适应现代化教学的要求。在调查中发现,仅有27%的教师能够熟练掌握多媒体技术。资料显示,72.6%的学生还不能适应多媒体教学方法,当多媒体应用到教学中时,学生根本没有足够的时间做笔记,一些学生就像看电影一样,听完一堂课后几乎都忘了,又没有记笔记,更就别说课下复习所学内容了,因而其学习效果也就大打折扣。

多媒体技术应用面临的问题,究其原因在于以下几点。

(1)教师主观因素。教师教学理念陈旧,在课件设计过程中没有考虑教学内容是否选择恰当,重点难点不突出,更有甚者误以为课件就是简单地把知识点照搬到投影仪上,代替传统的粉笔板书;也有部分教师对计算机使用不熟练,干脆弃之不用。这都影响到多媒体技术的应用效果。

(2)多媒体自身客观因素。熟练地掌握多媒体技术对于教师来说是一个挑战,多媒体作为一种信息技术产品,应有更趋于合理化以及人性化的设计空间。

(3)学生对多媒体技术的适应过程。对于新的事物,从接触到接受都是一个心理认知的变化过程。

四、体育院校田径教学实施多媒体技术教学的对策

通过分析多媒体技术在田径教学中的特征优势以及其面临的问题,在田径教学过程中要找准与多媒体技术应用的结合点,内在推动田径教学的改革与发展,外在加强教师多媒体技术技能的培训与提高,将教育改革中的教学手段现代化深入地推广下去。

(一)教育决策部门和院校对田径技术教学应予以充分的重视

教育决策部门和院校应当保障多媒体辅助教学手段的教育经费投入,配备水平较高的硬件设备、软件材料,合理安排使用现有的电教室;在课程设置上,将田径教学的理论课与实践课更好地结合起来利用多媒体设备,例如,将多媒体设备直接安装在训练场所,使二者合二为一,充分利用电教设备资源;在教师专业发展上,重视体育教师调研的机会,拓宽制作多媒体课件的视野,充分发挥多媒体设备的多种功能,为教学服务,积极推进教学改革的深化。

(二)重视教师的教育理念与职业技能培训

目前,许多体育院校正普及计算机硬件设备,但却忽略了教师计算机基础知识培训,从而缺乏从理论上和实际操作中把握多媒体技术的能力。教师在思想观念和实际应用中,都不能很好地适应。因此,普及教师的多媒体应用理论知识,对开展和推广计算机辅助田径技术教学是极为重要的。

(三)促进教师自身专业发展

(1)提升田径教学中的技能掌握与理论认知。教学技能的提高得益于正确的认知定向,通过实践练习可以促进理论认知的深化。因此在田径课程教学中应将多媒体技术渗入到教学过程的各个环节,重点是加强学生的认知,并且通过正确的认知定向指导练习,减少练习中的错误,促进其技能的掌握。发挥多媒体技术优势的同时也是发展学生理论认知水平的有效手段。

(2)注重教师的集体备课,集体讨论制作多媒体课件的重要性。好的多媒体课件资源应该是教师集体智慧的结晶,在集体备课与制作课件的同时,也增加了教师间的交流,从而使得田径课程教学资源更丰富,教学手段更有效,教学设计更创新,教学效果也更佳,教师也因此达到了资源共享以及互相学习的目的。

随着教育现代化进程的加快,计算机技术已广泛运用于课堂。实践证明,在高校田径教学中运用多媒体辅助教学是可行的,是符合当前教育教学改革的方向的。利用多媒体技术教学手段提高教学质量有很大的空间,但还需广大体育教师不断研究和探索,使多媒体技术在体育教学中充分发挥其作用。

第三节　趣味田径引领下高校田径教学创新研究

近年来，田径运动受到其自身特点的影响，学生对田径课的兴趣呈现逐渐下降趋势，严重影响了体育课程教学效果。伴随新课改策略不断实施，教学制度不断完善，源于德国田联并由国际田联推广的趣味田径被引入到田径教学中，促使枯燥乏味的田径教学更加丰富化、多元化，更大程度提高了学生的学习兴趣。趣味田径除具有田径本有的健身、锻炼作用之外，还融入了培养、教育等功能，并且趣味田径教学方式更加灵活，教学内容更加有趣，更容易激发学生兴趣，从而对学生的身心发展起到积极促进作用。

一、趣味田径的概念

趣味田径是指根据不同对象的身心特点而设计的充满趣味性的田径运动形式。趣味田径主要借助跑、跳、投等田径运动方式开展体育游戏，借助体育游戏来调动学生的运动兴趣和热情，进而增进学生的身心健康。传统的高校田径教学讲究的是教学内容的功利性，教学手法僵化，过程单一，教学的趣味性较差。与传统田径运动项目相比，趣味田径具有突出的特点。

二、趣味田径的特点

趣味田径是由德国田联和国际田联提出的全新概念，它结合学生身心特点，将体育游戏融入传统的田径教学中，不再单纯地让学生进行枯燥乏味的体育训练，而是在结合了游戏的田径运动中进行练习。其主要手段是采用跑、跳、投等田径基本运动形式进行练习，目的是培养和提高学生运动能力和活动兴趣，从而增强体质和健康。

（一）趣味性

趣味田径是田径教学的一种形式，它利用跑、跳、投等基本形式进行练习，是传统田径的一种创新，是对传统田径教学的改进，它融入了更多趣味性元素，采用不同内容、形式、规格等进行教学。趣味田径是一种游戏化教学，竞争性强、趣味性高，能促使学生产生巨大兴趣，让学生全身心地进行体育活动，提高学生的主动性和积极性。

（二）目的性

趣味田径融合游戏于传统田径教学中，具有传统田径的功能价值，但形式有所不同。因此在创编设计趣味田径时，要有明确的目的，结合教授对象的身心特点，更好地与教学对象相适应；在教学过程中，根据教学对象人数、身体状况、场地设施等进行教学。趣味田径的设计与教学过程应明确目的，创编出有效的教学方式，才能提高教学效果。

（三）教育性

任何教育手段的改进与创新，本质上都是为了服务于学生，服务于教学，达到教育学生的目的。趣味田径是对传统田径教学方式的创新，本身依然具有教育价值，因此，趣味田径的创编要根据其目的性特点，从内容到方法，皆要紧扣教育价值这一观念，充分发挥其教育功能，创造积极、健康的内容和形式，促进学生综合素质的全面发展。

（四）适应性

趣味田径的设计不能一味地追求有趣、新颖，从而导致游戏过于复杂，难度大，多数学生不适用。因此，在创编设计趣味田径时要充分考虑安全性和普适性，能够适合不同学段的学生，易于学生学习、组织和开展教学与推广。

三、趣味田径在体育教学中的作用分析

（一）激发学生兴趣

田径教学受到田径本身相对枯燥乏味特点的影响，致使学生对田径课程兴趣低下，教学效果不明显等。相较于球类运动和器械运动等，田径教学明显处于劣势地位。趣味田径是传统田径教学的改革与创新，保留基本的跑、跳、投等形式，注重不同内容与形式的重新组合，并将体育游戏融入其中，利用一系列完整器械进行教学。通过对传统田径教学进行改革与创新，可以更好地吸引学生注意力，调动学生的主动性和积极性，活跃课堂气氛，激发学生学习兴趣。

（二）促进学生身心发展

随着社会发展，人民生活水平日益增长，物质生活逐渐丰富，但健康问题却随之而来。教师采用趣味田径教学方式，可以激发学生兴趣，促进学生积极投入体育活动中，身体得到充分锻炼。同时可以利用一些体育游戏来增强学生的团队合作意识，促使学生树立正确竞争观念，健全学生人格，提高社会适应性，以此促进学生的身体和心理健康发展。

（三）培养终身体育意识

早在20世纪60年代，教育家朗格朗就提出"终身教育"一说，伴随着我国改革和发展，终身体育随之而来。终身体育是20世纪90年代以来体育改革和发展中提出的一个概念，是指一个人终身进行身体锻炼和接受体育教育。培养终身体育

思想，体育教学责无旁贷。趣味田径教学设置多采用组合形式，根据教授对象不同年龄、不同身心特征等设置不同运动形式，提出不同达标要求。趣味田径更多的是讲究激发学生兴趣，在进行体育锻炼中始终坚持"努力才能达到"这一思想方针，不仅能提高学生身体素质，还能使学生保持完成有难度活动的满足感、自信心和积极性等，更进一步加强了学生的学习兴趣，促进其身心发展，培养其养成良好的体育意识，为终身体育思想打下坚实的基础。

（四）促进田径课程推广

目前在世界范围内，很多国家和地区都已经对趣味田径进行了普及和推广，并且所获成效也是非常明显的。然而在我国，趣味田径的推广仅仅处于初步阶段。趣味田径相较于传统田径教学，更加适合学生学习、更受到学生的欢迎、教学效果也十分明显。把趣味田径引入学校体育教学中，不但推动了田径课程的改革，也对趣味田径的推广和普及起到了积极作用。同时，趣味田径不仅仅局限于学校教学，在大众体育活动中也可以积极宣传和推广，这样更有利于趣味田径的推广。

总之，随着社会的发展，学校教育越来越重视学生综合素质的发展，而体育课程是学生综合素质发展不可或缺的一部分。将趣味田径引入学校教学中，不但推动了体育教学的改革、田径教学的推广，而且有利于学生全面发展。通过趣味田径激发学生的体育学习兴趣，从而促进学生身心发展，进而培养学生的终身体育思想，为今后的学习、工作打下坚实基础，同时为今后社会发展提供更强劲的力量。

四、用趣味田径引领高校田径课程教学改革的建议

（一）制定田径课程改革方案，改造原有田径项目

高校田径课程教学改革的第一步，是制定课程改革方案，改革原有的田径项目；第二步才是丰富田径课程内容和方式，使田径课程朝着实用有趣的方向发展。随着社会发展，整个社会包括用人单位对人才的要求越来越高，这也给高校的人才培养模式和教学质量提出了更高的要求。增强高校体育项目教学的趣味性，改革传统田径教学内容和模式，增强田径教学的吸引力，就成为田径教学努力的方向。而要想实现这个目标，高校必须要本着人文理念，制定科学完善的田径课程教学改革方案，出台田径教学改革计划，为田径教学改革打好基础。在田径课程教学改革方案中，高校要就田径教学投入、基础设施建设、课程优化、课程体系构建等事宜进行合理安排，并大胆预测高校田径教学发展方向，将趣味田径教学列入田径教学大纲，丰富田径课程教学内容。然后，要求高校体育教师在田径教学中，尊重学生的身心特点，一方面突出田径运动的健身功能，另一方面将改革

传统的体育项目，降低田径教学的技术难度，在单调、枯燥的周期性田径动作中增添一些趣味元素，使教学变得更加新颖有趣，并将体育素养、人文意识培养等融入趣味田径教学中去，进行趣味田径教学，以发掘、维护学生的学习兴趣。

（二）丰富高校田径运动教学方法

当代大学生的思维相对灵活，高校在田径教学中，要根据大学生求异、求变的心理，了解体育、文化、娱乐领域发生的一些趣事，并根据社会潮流和大学生的兴趣爱好创新田径教学手法，使田径教学变得更加时尚灵活。如在田径1000米和2000米长跑教学中，教师在相关的运动要点讲解结束后，可以改变传统的让学生以个体形式来练习的教学方式，利用平地接力跑的形式，将学生分组，让学生按照顺序位于出发点，然后手持接力棒进行比赛，待到学生比赛结束计时，总结经验，提出建议，这样的教学显然更能激发学生的学习兴趣。根据素质教育要求，体育教师在教学中还要充分考虑每个学生的差异性，在田径知识和技能教学中，插入许多充满趣味的田径游戏和活动，让学生在田径学习过程中有认识自己、提高自己、评价自己的机会，促进学生全面发展。为了强化教学效果，教师在田径教学中，还要将篮球、健美操等其他体育项目融入田径游戏、活动中来，增加教学的生动性，营造良好的教学氛围，切实使学生感受到学习的乐趣。

（三）完善教学评价体系，做好教学引导

构建科学完善的教学评价体系，是高校体育教学改革的重点之一。众所周知，高校传统的田径课程教学具有以下几个特点：评价标准单一、评价内容狭窄、评价以运动成绩为核心、过度重视田径的竞技性和评价结果。在趣味田径理念引导下，高校田径课程教学评价要摒弃那种以运动成绩为主的考评方式，丰富田径教学考评方法，完善多元评价机制，选择科学的评价指标，将田径教学的趣味性、实用性拔高到与技能等高的地步，并将学生在田径学习中的情感、进步情况和态度等都纳入评价范畴，以形成性评价取代终结性评价，促使田径教学朝着趣味性方向发展。在此基础上，高校还要重视教学评价反馈和公示，同时做好田径运动宣传工作，利用各种媒体、渠道宣传田径文化，并将田径文化宣传与校园文化建设、民族文化宣传结合起来，开展各种田径运动，营造积极向上的校园体育文化氛围，使更多的学生了解田径运动及趣味田径的魅力。

综上所述，随着教学改革的不断深入，我们要从全新的视角去认识田径运动，并深入挖掘田径运动的有趣之处，认真研究趣味田径运动的规律和教法。然后，开设趣味田径课程，并围绕趣味田径创新高校田径教学内容和方法，利用趣味田径拓展高校田径课程教学改革方向，以促使大学生健康成长。

第五章　高校田径课程的创新发展

第一节　高校田径课程改革的现状研究

目前，总体来看，我国大部分高校都开设有田径运动课程，并且取得了一定程度的发展和进步。但也有一部分高校由于各方面原因并未开设本门课程，这需要引起这些高校相关部门及领导的重视。

一、当前高校田径运动课程改革的总体状况分析

据调查发现，田径课在我国90%的高校中为必修课，只有个别的学校将田径课作为选修课，或者将其安排在其他体育课程项目中进行学习，随着我国高校体育教学改革的逐步深入，田径运动课程设置发生了很大程度的变化，田径运动课程淡出了必修课内容，而且有不少学校取消了田径运动课程的开设。究其原因，大致是田径课程教学内容过于竞技化、教学方法单一、运动训练无味、考核标准缺乏针对性等。

（一）高校体育教学未开设田径课程的状况分析

高校体育教师及其行政管理者是实施田径课程的实践者和验证实践效果的见证者，同时也是体育教学的引导者、促进者、管理者。通过具体的调查和研究能分析出这些学校不开设田径课的原因。

在不开设田径课程的学校中调查发现，大部分体育教师认为，田径课程选课人数少、枯燥无味；另外，也有很多教师认为田径课程教学模式单一、无创新，可用其他体育项目课程代替等。具体内容见表5-1。

表 5-1　体育教师对未开设田径课程原因调查表

选项	百分比（%）	选项	百分比（%）
选课人数少	77.42	枯燥无味	70.97
教学模式单一、无创新	48.39	健身价值可用其他项目代替	45.16
技术难度大，不易学习	25.81	容易发生伤害事故	22.58
要求身体素质较高	22.58	对今后无用	19.35
教学重竞技轻健身	12.90	场地器材不足	12.90
考试要求条件高	9.68	领导不重视	6.45
内容多而复杂	3.23		

另外，学校有关领导也认为田径课程太枯燥无味，选课的人数太少，教学模式单一、无创新，学生怕苦、怕累等，这都是田径课程取消的重要原因。具体内容见表5-2。

表 5-2　行政管理者对未开设田径课程原因调查表

选项	百分比（%）	选项	百分比（%）
田径课程太枯燥无味	83.33	学生选课人数太少	58.33
学生怕苦怕累	50.00	教学模式单一、无创新	50.00
健身价值可用其他项目代替	41.67	考核评价方法不合理	8.33
场地器材不足	8.33		

综上所述，一些高校未开设田径课，主要原因是学生选课的人数太少，田径课枯燥无味，教学模式单一、无创新等。这表明，田径课程本身就存在一定的不足。高校田径教学要得到进一步的发展，就必须进行课程改革。另外，认为田径运动可用其他体育项目代替，则充分说明了高校课程设置对田径运动的价值挖掘不够，田径运动技术教学偏重于竞技性而忽视了健身性。以上这两个方面的问题，是目前高校田径教学课程设置改革所需要重点考虑的问题。

（二）高校体育教学开设田径课程的状况分析

1. 田径课程开课形式

通过对开设有田径课程的部分高校教师的调查资料显示，高校一年级开设必修课比例较高，开设选修课比例较少，具体内容见表5-3。

表 5-3　体育教师田径课开课形式调查表

选项	百分比（%）
一年级必修，二、三、四年级选修	53.57
一、二、三、四年级选修	26.78
一、二、三、四年级选修	14.29
其他	5.36

另外，对部分开设有田径课程学校学生的调查数据显示，在开设田径课的高校里，除学校开设的田径运动必修课学生不得不选外，在选修课中仅有极少数的学生选择了田径课。也就是说，高校若不开设田径运动必修课，很少会有学生主动选择学习田径运动课程。

2. 田径课程教学时数状况

高校田径运动课程的开展以学时为划分，因而田径课程教学时数是课程设置的重要内容。有调查指出，高校田径运动一般设短跑、接力跑、中长跑、跳远、推铅球等项目，教学时数一般为12~20学时，每个项目的平均时数不超过5个学时。有很多学校每周1次田径课，共2学时。由此可见，我国大部分高校的田径课程设置教学时数偏少，并不能满足田径运动技术技能的教学需要。另外，通过调查理论课与实践课的课时安排，绝大多数的高校每学期只有2学时理论课安排，而更有少数高校每学期仅仅有1学时的理论课。由此可见，在高校田径课程设置中，理论与实践内容课时安排存在不合理的现象。运动实践需要以理论知识作为指导，因而不能轻视理论知识的教学。相关调查资料显示，高校体育教师多数认为田径运动课程设置理论与实践教学内容课时比例应该为3∶7。

3. 田径课程教学理论课状况

在《全国普通高等学校体育课程教学指导纲要》（以下简称《纲要》）中明确指出：（高校）"重视理论与实践相结合，在运动实践教学中注意渗透相关理论知识，并运用多种形式和现代教学手段，安排约10%的理论教学内容（每学期约4学时），扩大知识面，提高学生的认知能力。"但是大部分开设田径运动课程的高校，对理论知识教学并不重视，田径课程教学理论课现状具体分析如下。

（1）田径课程教学理论课内容分析。有调查指出，高校田径运动理论知识教学以田径运动简介、田径运动特点及锻炼价值、现代田径运动发展趋势等方面为重。这样显然不能满足田径运动理论知识的教学需要。根据《纲要》的思想指导，高校田径运动理论知识教学应该坚持"健康第一"的指导思想，遵守体育课程建设的客观规律，针对本校实际开设田径运动理论课，使学生接受更多的有关田径健身功能的知识，以加深对田径课程的理解，使他们在潜移默化中对健身产生需要和渴求，激发他们主动学习的情感，培养他们获取田径运动文化知识的能力，增强他们因身体健康需要而参加田径锻炼、进行田径学习的动力。

（2）田径课程教学理论内容授课形式分析。有高校田径理论课的授课形式的调查报告指出，集中授课是高校田径运动最主要的授课形式。田径课程教学理论内容的授课形式情况见表5-4。

表 5-4　高校田径课程教学理论内容的授课形式情况

选项	百分比（%）
集中授课	100
学生自学为主	2.70
专题形式	2.70
专家讲座	16.22
撰写论文	8.11
看录像	18.92

从表 5-4 中的数据可以看出，几乎所有开设有田径课程的高校都会采用集中讲授理论知识的形式，而有一小部分学校，会采用专家讲座、看录像等授课形式。集中授课的教学形式是比较传统的教学形式，容易导致学生被动学习，影响学生学习田径的积极性。因而在高校田径课程设置中，应该适当调整授课形式，多运用一些新方法，如多媒体教学，制作大量的动画、图片等课件，拿国家或国际优秀运动员的录像给学生观摩等。这样才能调动学生学习的积极性，让学生主动参与到田径运动学习中来，提高教学质量。

（3）田径课程教学理论考核形式分析。对教学内容进行理论考核是非常有必要的。理论考核不仅仅能检查理论知识水平，也能检验教师教学质量，而且还能查验出学生学习的不足之处，这对学生把握今后的学习方向有重要作用。

据一些开设田径运动的普通高校调查结果显示，田径理论课程考核多采用闭卷与开卷两种考核形式。这两种考核形式，有利于督促学生阅读和理解教材。该形式的缺点在于，试题由教师整理，这样很可能脱离学生的实际情况。因而高校田径理论课教学考核，可以采用一些新的方法，如课堂提问、作业、阶段考查积分等。

4. 田径课程教学技术理论课状况

（1）田径课程技术教学的内容分析。我国高校田径课程技术教学的内容主要是短跑（接力跑）、中长跑、跳远、铅球、跳高、跨栏跑、标枪等，掷铁饼、链球等项目课程开设较少。我国高校田径课程主要开设的项目，能在一定程度上满足高校学生发展跑、跳、投的能力。但是深入分析项目的技术与教学，则会发现一些问题，如课程内容设置偏旧、简单化，不能将技术与学生身体素质训练相结合等，另外，也没能拓展项目与其他运动项目及相关知识的联系。这种情况下，高校田径运动实践教学内容就比较单一、片面、枯燥，不能调动学生的运动积极性。

（2）田径课程技术教学组织形式、方法及手段分析。技术教学组织形式、方法及手段是高校田径运动课程教学开展的基础，教学内容的选择、教学组织形式的安排和教学方法的运用等合理与否，在很大程度上影响着田径运动教学效果，因而在高校田径运动课程科学设置中应该引起特别重视。

体育课程教学组织形式是指为实现体育课程教学目标，根据教材内容特点、学生具体情况、教学环境而合理采用的教学方式。《纲要》中指出："根据体育课程的实际情况，为确保教学质量，课堂教学班人数一般以30人左右为宜。"有关调查表明，我国高校田径技术课教学班有46.43%的上课人数为25~30人，与《纲要》要求基本相符，这能保证学生有充足的场地器材和较多的训练机会，另外，教师也能较好地照顾学生。在调查数据中，也有接近10%的高校田径技术课人数超过30人，不太合理，因此一些高校在田径课程设置中，应该注意控制上课学生人数。

在高校田径课程教学中，教学方法和手段是教师教与学生学的桥梁，若没有科学的教学方法与现代化的教学手段，就很难保证获得良好的教学效果。就目前高校田径课程教学的情况来看，田径课程技术教学的方法和手段存在一定的问题，如比较陈旧、单一，缺乏创新等。这些问题，也是一些学生不喜欢上田径课的原因之一。

(3) 田径课程技术教学内容考核评价分析。技术教学内容考核评价与理论教学内容评价一样，是田径课程教学中不可忽视的。我国高校田径课程技术教学内容考核主要以"技评+达标"和"达标"两种方式为主，其将运动成绩作为考核和评价的依据，以运动素质代替身心素质，这脱离了体育教育的主要目标。

用统一标准来评定学生田径运动技术学习成绩，并不能合理反映出每一个学生的学习态度和进步幅度，因而未能根据实际情况来对每一个学生进行评价。《纲要》中明确指出，学生的学习评价应是对学习效果和过程的评价，主要包括体能与运动技能、认知、学习态度与行为、交往与合作精神、情意表现等。然而，在高校田径课程技术教学内容评价设置方面，要适当变革，可以采用学生自评、互评和教师评定等方式进行。并且要注意的是，评价中要淡化甄别、选拔功能，强化激励、发展功能，重视学生的进步幅度，另外，还要重视评价信息的反馈，以帮助学生了解今后的学习方向。

5. 田径课程教学教材状况分析

教材是教学活动实施的基础，是教师教学和学生学习的主要依据。高校田径课程教学不能离开教材，其是向学生传授知识、培养能力和思想品德教育的载体，因此，教材对田径课程设置有重要的意义。

(1) 教材选用情况。有调查显示，我国高校近40%采用全国统编教材，约20%采用自编教材，20%左右的高校统编教材与自编教材相结合，还有一部分高校并无专用教材。这个数据表明，有不少高校不能根据本校的情况合理适配教材。

(2) 教材适用情况。有相关调查资料表明，高校体育教师中有14.29%的人认为所用的田径课程教学教材非常适用，而有46.43%的人表示所用的教材大部分适用，32.14%的人表示教材适用情况一般。另外，还有7.14%的教师认为高校田径课程教学教材不太适用。另外，根据对统编教材有无必要的调查数据显示，认为很有必要的教师占32.4%，认为较有必要的占39.9%，认为一般的占16.7%，剩下的则认为不太有必要。由上面的两份调查数据分析可以看出，我国高校田径课程教学的教材整体上是适用的，但是部分高校田径课程教学为了满足学生发展的需要，应该对教材应用进行合理的改革，构建有高校特色的、适合学校实际情况的田径课程新体系。

6. 田径课程教学场地器材状况分析

对于高校田径课程教学来说，场地器材是教学课实施的基本保障。如果没有充足的场地器材，田径课必定难以取得理想效果。我国高校体育教育的相关部门一直以来就重视体育设施和场地器材的建设，因而我国高校田径课程教学的场地器材设施还是比较良好的。通过调查显示，近80.11%的高校场地器材能满足高校田径课程教学使用。对于一些场地器材难以保证田径课程教学正常开展的高校，应当加强场地器材的建设。另外，要注意的是现在高校招生规模的急剧扩大，体育教育教学改革也在进一步深化，这两方面将会对田径课程教学场地器材提出更进一步的要求。

从整体上来看，我国高校田径课程设置有一定的缺点存在。通过调查显示，70%的高校行政管理人员认为田径课程设置比较合理或者还算合理，也有30%左右的行政管理人员认为不太合理。因而调查结果也表示出我国高校田径课程设置目前还不太令人满意。另外，通过调查发现，目前高校田径课程设置中存在的主要问题在于：田径课程涉及面较窄，较少联系其他课程；田径必修课程结构单一，学习训练也较为枯燥；田径课程教学项目缺乏特色和弹性，教学内容陈旧，与中学学习内容几乎相同；高校田径课程教学比较重视竞技性，轻视健身性等。因而，在高校田径运动课程改革中，应该重点考虑到这些问题。

二、高校田径运动课程改革面临的困境

在我国高校体育教育的历史上，田径运动课程一度是高校体育教学大纲的主要内容之一。在传统高校体育教学中，田径运动课程占的比例很大。1961年和1979年，国家教育行政部门先后颁布了两部《高等学校普通体育课教学大纲》，这两部大纲对田径教学内容都有一定的规定和要求。田径被看作体育运动项目的基础，田径项目价值和意义重大，因而在高校体育教学中应该占据重要地位。其规定普通高校体育教学中，田径总学时数最多，占总体育教材的百分比也最高，其比例分别是28%和24.3%。①传统高校田径运动课程教学中，一直注重学生的身体

素质达标和竞技技术水平评价这一层面,从而在一定程度上忽视了学生的心理健康,也比较忽视对学生终身体育意识、健身习惯和健身兴趣等方面的培养。随着我国社会、经济、教育等的发展,我国高校体育教育也进行了长时间的深化改革。并且在改革中,教育部提出高校教育教学改革是核心,教学内容和课程体系的改革是教学改革的重点和难点。②在我国高校体育教育教学改革的过程中,随着《全国普通高等学校体育课程教学指导纲要》的出台,各高校开始根据其对体育课程教学的指导思想和要求及本校的实际情况、学生的体育学习需要着手编写大纲和教材。这些体育教学大纲和教材重视学生运动兴趣,开设了多种运动项目以供学生体育学习选择,几乎都采用"三自主"(学生自主选择课程内容、自主选择任课教师、自主选择上课时间)的体育课程模式。这种高校体育教育教学模式相对于传统的高校体育教学来说,有着明显的优势,不仅能够拓展体育课程的时间和空间,而且能够扩大学生选择体育学习的自由度,发展学生的运动兴趣。但该模式在实践过程中,也显现出了一定的问题。选课制教学形式在高校体育教学中的实施和推行,使得学生有权根据自身的兴趣和需要来选择体育教学内容。这样一来,如健美操、武术、乒乓球、网球、健美运动、瑜伽、羽毛球、体育舞蹈、游泳等运动项目广受学生青睐;而作为学生运动基础的田径运动这样的传统教学内容则不被学生看重。从当前我国部分高校田径课程教学的现状看,其面临着前所未有的困境。近年来高校田径运动教学难有发展,不仅如此,还在逐步萎缩,甚至有从教学内容中消失的趋势。

根据一些调查统计资料显示,目前在我国高校进行的体育选修课中,学生选田径课的比例非常少。在部分高校,由于选修田径运动的学生太少,而不得已取消田径课。据孙德友、单涛等进行的相关调查显示,东北大学和大连理工大学这两所辽宁省最早实施选课制教学形式的院校,其田径教学状况是:东北大学每年有6000余名学生必修体育课,由于选择田径课程的人数太少,不得不取消田径课程;大连理工大学每年有6000余名学生必修体育课,而选择田径课程的学生仅有200余人,占总人数的3.3%左右,因而也只能取消了田径课程。

由此可见,我国高校体育教育改革以来,田径运动课程教学面临着巨大的压力。传统的高校田径运动课程设置束缚了田径运动教学发展,必须通过一些有效的措施来解决目前高校田径运动教学所面临的困境。因此,对我国高校田径运动课程设置的现状进行分析研究,使田径课程在我国高校体育课程中发挥其应有的作用,有着重要的意义。

第二节　高校田径课程改革的理论研究与对策

一、高校田径运动课程改革的理论基础

(一) 生物学基础

在人的基本运动能力培养中，田径运动起着基础性作用，也就是说增进人体的健康就是田径运动的基本功能之一。从这一层面上来看，田径课程改革有着一定的生物学基础。

(1) 田径运动包括走、跑、跳、投等基本技能，这些都是人们为了生存而形成的，在这个过程中人们逐渐培养起奔跑、攀爬、跳跃、投掷、搏击等徒手搏击与追逐野兽的各种技能。这些技能起初都是生存的需要，是一种本能，但是随着生产力的发展，这些活动逐渐变得有目的、有意识。随着现代社会体力劳动在生产力中的地位下降，人们思想观念、生活方式受到了社会文化的巨大冲击，田径运动的社会角色从群体生存拓展为个体的健康本位。因此，现代社会中，在防止人类身体的机能退化和促进人体健康方面，田径运动中的一些基本运动形式起着基础性的作用。

(2) 人体需要不断发展，国民体质也要不断地改善和提高，而长期的体育锻炼就是最有效的、不可替代的重要手段。

(3) 明显的阶段性和个体的差异性是人的生长发育与整个生命过程具有的特性，进行锻炼时要考虑多种因素，其中就包括人的年龄特征、生理特征。由于人与人之间存在着不同，锻炼时必须要考虑生理的差异性，要与个人的特点相符合。

(二) 心理学基础

田径课程与心理学有着密切的联系，无论是在目标的确定、内容的选择，还是方法的运用都需要心理学做支撑。我们对田径课程可以做心理学方面的分析，从中可以得到高校田径课程改革的心理学基础。从心理学的视角来看田径，第一，田径运动能使人产生成功感和愉快的体验；第二，田径运动能够促进个人的自信、自尊的培养，对紧张与焦虑情绪的缓解有着明显的作用；第三，田径运动对个性发展有着积极意义，有利于良好个性的形成；第四，学习者的动机对田径运动技能的学习效果有着密切联系，学习动机越强烈，开展体育活动和学习的积极性和主动性越高，也越能取得良好的效果，这样又能使体育学习和活动的动机得到进一步激发；第五，学生年龄不同，身心特点也会有一定的差异性，从而会对田径课程学习的内容和效果产生直接的影响。

（三）社会学基础

"只有当相继出现的经验彼此结合在一起的时候，才能存在充分完整的人格。只有建立起各种事物联结在一起的世界，才能形成完整的人格。"这是美国教育哲学家杜威的重要观点。以此观点为依据，可以得出，要使实现整体人的发展目标成为可能，课程体系只有遵循自然、社会与自我有机统一的原则。因此，田径课程的开发，要把自然、社会与自我作为基本来源。

对于我国高校田径课程的改革来说，选择也是多元化的，这是毋庸置疑的。我国高校的田径运动课程，其目标就是使学生学习田径技术，提高运动水平，但是由于竞技项目水平越来越高，科技水平越来越先进，课程中的问题也逐渐显现出来，如培养目标狭隘、内容陈旧单调、方法手段枯燥、评价标准单一等。现代社会生活方式具有两面性，一方面促进了人类的健康，另一方面也在危害着人类的健康。这就要求我国的课程必须改变教育理念和方向。具体到田径课程，就要注重田径运动文化知识的传授，包括田径运动的起源、田径运动的发展和田径运动的竞技等。同时，还要强调教育过程中的社会性在高校教育中的重要地位，将社会之中的民主观念融入课程之中，使理解、宽容、同情等主体意识得到提升，发展其批判社会、服务社会的能力；在认识与完善自我中正视人的尊严与价值，培养珍视与善待生命的德行，追求个性的张扬与解放。田径课程的改革与社会文化相联系，并且受到其影响和制约，它们之间的关系是相互的，社会背景也受到田径课程改革的影响。

（四）教育学基础

教师、学生和教学内容是教育包含的三个最基本的要素。体育具有丰富的内容，包括健康教育的理论和教育的实践内容。这也就决定了体育具有重要的教育功能，它能够向学生传授健康锻炼的技能，而且还能使学生健康锻炼的兴趣、意识和习惯得到培养；它不仅能进行健康知识的传授，还能使学生的健康情感、健康意志及健康行为得到培养。对于高校田径课程来说，育人是最根本的目的，只有使受教育者的身心得到和谐发展，高校田径教育才算成功。这就要求高校田径教学要注重学生培养的全面性，既要重视健康的文化和科学知识教学，也要重视运动能力的培养，绝对不能孤立发展体能和运动能力，要始终铭记体育不仅是"体"的教育，更是"人"的教育。在高校田径课程中，教学的过程其实就是学生的生长发育的过程。田径运动锻炼与学生的生长发育有着密切联系，两者相互促进。正常的生长发育是进行田径运动锻炼的前提，同时又是田径运动锻炼的结果。

二、高校田径运动课程改革的基本思路

现代社会是不断发展的,体育课程也是处在一个不断发展和变化的过程之中。在20世纪70年代,我国的课程内涵有了巨大的变化,各类理念也得到了拓展。课程的变化主要体现在四个方面:第一,传统的课程对学科内容非常强调,变化之后则对学习者的经验和体验非常重视;第二,传统的课程仅对教材这一单一要素进行强调,而现在则注重教师、学生、教材、环境四因素的整合;第三,传统的课程只对显性课程进行强调,而现在则兼顾显性课程与隐性课程;第四,传统的课程仅强调学校课程,现在则注重学校课程与校外课程的整合。对于田径课程改革来说,首先需要正确地看待田径运动以及田径课程。将田径运动课程的改革重点定位于对田径课程健身功能的开发以及对田径课程的社会适应性的提高。因此,在全面推进素质教育的前提下,与未来教育的市场化相适应,必须大力开发田径课程的生存、生活、道德、个性等多项功能。目前,田径课程已经扩大成田径类课程,已经打破了纯竞技课程体系,田径课程体系中融入了大量的健身性内容,这在很大程度上对田径课程的内涵进行了拓展。目前,在田径课程的教育思想、课程目标、课程体系等方面,已有众多的学者进行了研究,并取得了不错的成果,如多元化、综合性、多层次的培养思想的提出和重新构建课程体系的设想。在实践课程的构建方面,学者也进行了实践课程的改革试验研究,主要集中在全面发展人的体育意识、体育能力、健康行为和健身习惯等领域,并取得了一些成果,提出了构建集竞技、健身、娱乐、健康、教育为一体的田径课程新模式的设想。

现今的田径课程在很多方面存在不足,具体表现在以下几个方面:①田径课程目标与体育教育的目标还不协调。②田径课程目标与内容相脱节。③田径课程的实施不能适应学生的需要。④田径课程评价与实践相脱节且操作手段落后。这增加了进行田径运动课程改革的难度。在以上所述的几种情况下,沿用原有的田径教学大纲是不科学的。从这方面来看,我国田径运动课程改革要加大地方以及学校的自主权利,使地方的原有资源优势得到充分发挥,加强地方校本课程的开发,这也是我国田径课程改革的一个基本思路。当然,从课程发展的整体上看,田径课程本身也是在不断变动的,从目标的制订到最后的评价形成就是一个闭合的回路。目标的确定为内容的选择、组织实施以及评价打下一个前提基础,而具体的实施过程中所出现的各类情形实际上是对整个系统的一次检验和反馈,并在不断地调整过程中规范整个系统。因此,我国高校田径运动课程的改革要从田径运动课程发展的整体出发,做到科学合理。

三、高校田径运动课程改革的对策

(一) 深入挖掘田径运动的文化内涵

田径运动是人类文明活动的结晶,其中蕴藏着丰富的文化内涵,因此在将来田径运动课程改革中要深刻挖掘这种文化内涵,以使大学生能充分认识和了解田径运动,这样才能从根本上促进田径教学的发展。在田径课上教师要引导学生对田径运动的起源和发展有所了解,对其竞技性、基础性、健身性等文化特点有清楚的认识,还要使他们对田径运动课程对人的生活和工作的重要价值有充分的了解。

(二) 加强大学生田径技能的学习

田径运动发展到现在,学习方法越来越多,现有的学习方式面面俱到,但并不能有效调动学生学习的积极性。而现实情况是通过田径教学,学生并没有有效地掌握一些田径技能,所以在实际的操作中应该以学生的不同年龄为根据,使大学生选修田径项目的时数逐渐增加,让学生的学习需要在制度上得到保证。同时还要加强对学生项目学习的指导,不同的学段都能掌握一定的田径基本理论知识、基本技术和基本技能并达到一定的运动技术水平,为将来终身体育锻炼打下良好的基础。

(三) 打破旧有的田径课程的特性,加强改革

加强田径运动教学课程的改革,需要打破田径课程的一些旧有的特性,并突出其重要作用,主要是指打破田径课程的系统性、竞技性,突出田径运动项目对人体发展的基础作用。我国高校的田径课程大多采用行政班授课的方式,教学方式还是沿用旧有的体系,教学的内容多以竞技性教材为主。所以,现今的田径课必须对田径项目进行精选,体现田径课程对人发展的基础作用,一方面要使田径课的趣味性、娱乐性、高雅性、健身性得到充分体现,另一方面要使学生走、跑、投等基础运动能力得到全面发展,增强学生的体能,为田径类课程和其他技术的学习奠定良好的基础。

(四) 培养学生主动参与田径运动的意识

教师讲解、学生模仿,这一固定的教学模式是传统田径运动课程主要采用的方法。而现有的田径课必须将教师"一言堂"的状况打破,让学生积极地参与到学习之中,同时要培养学生的意志品质、创新能力和合作精神,通过田径课程发展其个性,促进其心理的健康发展,使学生得到全面发展。

（五）改革现有田径教学模式，构建新的课程体系

我国高校田径运动课程存在问题，与传统教学模式的运用有很大关系，因此进行田径运动课程的改革和田径教学模式的改革十分必要。具体做法是以不同对象为根据，实行必修内容与选修内容兼具的模式，打破年级、班级等限制，实现田径项目与其他项目主辅修的学习模块，随着年级的增加而逐渐增加选修项目的数量与课时时数，教师在学生选课前及时提供课程设置说明和选课指导手册。通过教学模式的改革，使学生的主观能动性和创造性得到充分发挥，使他们成为学习的主体，着重培养学生掌握健身的手段与方法，在选择学习方式时多采用研究式、探讨式、延伸式等方式，使学生学习分析问题和解决问题的能力得到提高，并注重个性的发展。

（六）加强高校田径运动课程内容的建设与开发

在高校田径运动教学中，教学内容在其中起着至关重要的作用。好的田径课程能够激发学生的兴趣，能够在轻松的学习环境中学到一定的技术、技能。因此，一定要重视田径课程内容的改革，这是田径课程改革的重要内容。由于各个地方的情况不一，采用统一的教学内容是不现实的，因此要加大田径课程内容的开发，各个地方和高校要加强对田径课程内容的选择，克服田径课程中的"瓶颈"，简化田径规则，改造利用场地，选用多种多样的田径项目，体现田径项目的多样性、简易性、普及性和健身性。

（七）改革和创新现有的田径课程培养模式

对我国田径课程进行改革需要对体育教育专业田径课程培养模式进行改革，要以"学会生存"原则为依据，对课程内容结构进行改革，改变长期以来的以传授运动技术为核心的内容体系，构建以增进全体学生身心健康为核心，致力于学生综合能力培养的体育教育专业田径课程内容体系，从而全面提高学生的田径素质。

（八）大力提高田径教师的综合素质水平

教师是教学的核心和教改的关键，教师队伍的建设和管理决定着教学质量的提高。因此，我国田径运动课程的改革要对教师队伍进行改革，即要更新教师知识结构，提高教师的综合素质。具体途径为采取积极措施，有计划地进行培养与提高，制订自修计划，全面提高田径教师的素质，建立完善、科学的教师监管体系。

第六章 高校体育教学模式创新理念

第一节 高校体育教学模式的概述

一、高校体育教学模式的建构与应用

(一) 体育教学模式的概述

1. 体育教学模式的概念界定和结构。教学模式是按照一定原理设计的一种具有相应结构和功能的教学活动模型。教学模式综合考虑了从理论构想到应用技术的一整套策略和方法,是设计、组织和调控教学活动的方法论体系。教学模式在前人成果的基础上将会有新的发展。

教学模式一词最早是由美国学者乔伊斯和韦尔等人提出的,他们认为教学模式是"试图系统地探讨教育目的、教学策略、课程设计和教材以及社会和心理理论之间的相互影响,以设法考察一系列可以使教师行为模式化的各种可供选择的范型"。综而观之,当前国内大致有以下几种观点:结构论、过程论、策略论、方法论等。我们观之,其相同点是都指出了教学模式的稳定性特点,不同点在于,一个定义确定教学模式是某种"结构",一个将其视为某种"方法"。因此,要揭示教学模式的本质,须从其上位概念"模式"谈起。模式的概念涉及人的两方面行为,一是对事物的稳定的认识,一是对事物的稳定的操作,而前者构成认识模式,后者则构成方法模式。所以,认识模式和方法模式,才应当是教学模式的两层基本含义。由此可见,教学模式是教学形式与方法的统一体,其中,"过程的结构"是骨骼,"教学方法体系"是肌肉组织。

体育教学模式。我们把体育教学模式的概念定义如下:体育教学模式是蕴含特定体育教学思想,在特定教学环境下实现其特定功能的有效教学活动结构和框

架。教学模式是对教学经验的概括和系统整理，教学实践是教学模式产生的基础，但教学模式不是已有的个别教学经验的简单呈现。同时，教学模式被看作是沟通理论与实践的桥梁，既能用来指导教学实践又能为新的教学理论的诞生和发展提供支撑，其在两者中起中介的作用。根据对教学模式的认识与其他学科教学相比，体育教学是一个比较复杂的教学过程。它与学习过程、游戏过程、训练过程等有着密切关系，因此，认知的规律、身体锻炼的规律、技能形成的规律、竞赛规律等都是体育教学过程中必须遵循的规律，体育教学模式必须反映这些方面的特点。

2. 体育教学模式的特点和功能。体育教学模式的特点：随着体育教学理论研究和教学实践的深入开展，出现了各种各样的体育教学模式。尽管体育教学模式的种类繁多，但它们都具有以下五个基本的特征：（1）整体性。教学模式是由教学思想、教学目标、操作程序、实现条件、评价五个要素构成的有机整体，必须从整体上把握其理论原理。（2）简明性。教学模式是简化了的教学结构理论模型，被称为"小型的教学理论"。（3）操作性。教学模式区别于一般教学理论的重要特点即它的可操作性。（4）稳定性。体育教学模式的确立，实际上标志着新型的体育教学过程结构的确立，既然是结构就必然有相当的稳定性。（5）开放性。一种教学模式形成以后并不是就一成不变了，而是要在实际的操作过程中不断加以修正、补充、完善，使其针对性和应用更强。

体育教学模式的功能。主要有以下的功能：（1）中介功能。体育教学模式的"中介"功能是指它既是一定的体育教学指导思想、体育教学相关理论的具体体现，又能为体育教师提供具体的操作程序和操作策略。教学模式是教学理论研究和教学实践之间的一座桥梁。（2）调节与反馈功能。实践是检验真理的唯一标准，根据具体的教学条件、环境和具体的教学指导思想而安排的体育教学模式最终要受到实践的检验。

3. 体育教学模式的建构研究。近年来体育教学理论有新的突破性进展，如何对在不同教学思想指导下的各种教学方法、教学策略进行比较、剖析，选择适当的教学方法进行教学，从而达到教学效果的最优化成为当今体育教学改革的一个重要任务。建构一种教学模式需要有一定的规范和基本要求。从它的形成过程看，既包括了理论通往实践的具体化过程，也包括了体验通往观念的概括化过程。因此，它既不同于目标和理念，也不同于一般的工作计划。它相对稳定但又变化多端，形成了模式多元化、多样化的局面。

新型体育教学模式的特征：近年来，由于人们对教学模式的普遍关注，在各级各类书刊、杂志上出现了各种各样的体育教学模式，有的还在探索实验阶段，有的甚至只是改头换面地搬用了其他教学模式，这是在教学模式过程研究中不值得提倡的。构建新型体育教学模式体现以下几个方面的特性：

(1) 新颖性、独特性。体育教学理论、教学思想是体育教学模式的灵魂。

(2) 稳定性、发展性。稳定性是教学模式形成的一个重要标志，对于一个成熟的教学模式而言，都必须有相对稳定的理论框架和操作程序。

(3) 多元性、灵活性。多元性、灵活性是当前教学模式研究和发展的一个主要趋势。因此，在构建新型课堂教学模式时应注重统一性与灵活性相结合，建立多元的新型课堂教学模式。

体育教学模式构建的基本要素。体育教学模式不同于教学方法，它具有一个相对稳定的教学结构。这些要素在构成体育教学模式中具有不可或缺、不可替代性。教学模式应至少包括以下几个基本要素：

(1) 教学目标。教学目标是教师对教学活动在学生身上所能产生效果的一种预期估计，是进行体育课堂教学设计、进行体育课堂教学活动的出发点和归宿。教学目标既要考虑到学生智力因素的培养，又要考虑到学生非智力因素的培养。

(2) 操作程序。成熟的教学模式都有一套相对稳定的操作程序，这是形成教学模式的本质特征之一。设计由易到难，由简到繁，由基础到综合的教学程序，既可以适合不同水平的学生，又能激发学生体育兴趣。

(3) 实施条件。任何一种教学模式都不是万能的，有的只能适合某一类课型，有的适用几种不同的课型。不可迷信某一种单一的教学模式，应适当变更、调整教学模式，发挥自己的特长，为己所用。

二、我国新型高校体育教学模式的建构

(一) 新型体育教学模式的理论基础

1. 新型体育教学模式的现代课程论基础。教学属于课程中的一部分，所以，建立教学模式必须以一定的课程理论为基础。现代体育课程理论基础：(1) 体育课程目标实现多元化。体育课程目标不仅把增强体质、提高健康体质作为首要目标，而且注重培养学生体育文化素养，同时强调学生个性和创造力的培养，并主张结合体育课程内容的特点，把道德教育和合作精神的培养融合在体育教学过程之中。在时间上，通过体育课程，不但要完成学生在学校期间体育知识的传授和技能的培养任务，还要培养学生对于体育的能力、兴趣、习惯，为其终身参加体育活动打下基础。(2) 课程内容注重学校体育主体需求。随着社会的发展，学生对体育的需求呈多元化态势。课程内容只有满足了学生需要，才能激发学生兴趣，形成稳定的心理状态，实现终身体育。一是要重视传授终身体育所需要的体育知识，主要包括体育基础知识、保健知识、身体锻炼与评价知识等。二是竞技运动项目的教材化。

现代体育课程论与新型体育教学模式。20世纪60年代以来课程理论出现两次

世界性的变革：一是学科中心课程论。二是人本主义课程观。我国体育课程的体质、技能、技术教育思想正是学科中心课程观在体育课程中的反映，至今仍影响着体育课程的改革。(1) 新型体育教学模式的目标取向。教学目标受课程目标影响，没有新的课程目标就不可能有新的教学目标。新型体育教学模式的目标不仅要求有运动技能目标，还有情绪、态度、能力、个性等目标。(2) 新型体育教学模式的价值取向。重视全体学生全面发展和个性培养相统一。学生发展离不开体育学科内容的学习，学生通过体育学习发展自己。(3) 新型体育教学模式的教学设计思想。课程的问题中心设计模式是新型体育教学模式设计的模式基础。问题来源于学生的发展需要和教学内容的需要。在教学设计中，要让学习者作为一个完整的个体参与到教学中来，让学习者在解决问题中，学习掌握学科内容。

2. 新型体育教学模式的现代教学论基础。教学论有许多流派，如探究发现教学理论、情意交往教学理论、认知教学理论、建构教学理论等。下面简要列举一些对建构新型体育教学模式有支撑作用的观点。建构主义教学观认为，教学的目标是充分发展学生的主动性、自主性和创新性，教学目标之一是培养"能够在现实的生活世界中应用知识的能力"。用通俗的话说，就是学会学习，并能调控自己的学习。

建构主义与以往的教学理论相比，更加突出表现出了三方面的重心转移：从关注外部输入到关注内部生成；从"个体户"式学习到"社会化"的学习；从"去情境"学习到情景化的学习。

现代教学理论与新型体育教学模式：综观各个教学理论流派的观点，其共同之处，便是对"主体性"的追求。其中，学生的自主性主要指学生的自我意识与自我能力，包括学生的自尊、自爱、自信、自决、符合实际的自我判断、积极的自我体验和主动的自我调控等。创造性是学生在主动性和自主性发展到高级阶段的表现，它包括创造的意识、创造的思维和动手实践的能力。教师的教是外因，学生的学是内因，外因通过内因起作用。教学中尊重差异，才能使教育恰到好处地施加于每一个学生，才能发挥学生的主体作用。

(二) 新型体育教学模式的性质与设计

1. 体育教学模式的基本属性。根据对各种先行研究的归纳，提出体育教学模式的几个基本属性。即理论性、稳定性、直观性和评价性。(1) 理论性。指任何一个比较成熟的体育教学模式都必定反映了某种体育教学指导思想，都是一种体现了某个教学过程理论的教学程序。(2) 稳定性。一个体育教学模式的确立实际上是一个新型的体育教学过程结构的确立，既然是结构，就必然有相当的稳定性。(3) 直观性。直观性也可称为可操作性，任何一个新体育教学模式的建立，都意味着它和以往的任何体育教学模式是不同的。这就使人们可以根据其特定的教学环节和独特的教程安排来判断是不是属于此种教学模式。(4)可评价性。所谓可评价性是指任何一个相对成熟的教学模式确定，必有着与其整个过程相应的评价方法体系。因此任何一个教学模式都应可以对实施这个教学模式的教师给予明确的教学评价，这不仅仅是对该教师对教学模式理解程度的评价，也是对教师参与、认识和学习能力进行系统评价。

2. 新型体育教学主导模式的设计思想。在实践中可以发现，发挥学生主体性的教学，特别是自我意识的形成，总是从他控到自控，从不自觉到自觉，从缓慢提高到自我监控的飞跃。在学习过程中，教师应引导学生学会树立自己明确的可行的学习目标，帮助学生制定切实可行的学习计划，反馈和调整计划的行为使之成为自觉，创造条件提高学生自我检查和评价的能力。新型体育教学模式应具备如下特征：(1)在教学指导思想上，将把社会需要的体育和青少年儿童需要的体育结合起来，以实现体育教学中满足社会需要与促进学生个性发展的和谐统一。(2)在教学目标上，将围绕着21世纪对人才培养需求，青少年儿童身心特点等，加强对学生能力的培养。(3)教学程序中，逐步融入运动目的论的思想，让学生充分体验运动学习中的乐趣；引导学生充分理解和参与学习过程；改变过去教师划一化、统一化、被动性、机械性的做法；在教学方法上，以主体性教学观为视野，提供个别化和个性化的教学方法；在教学评价上，将以学生生动活泼的学习、个性充分发展、兴趣习惯能力养成、主要学习目标的达成等为基准。

(三) 体育教学模式整体优化研究

1. 体育教学模式整体优化的原理和原则。系统科学整体优化原理：按照系统科学理论的思想和观点，任何事物、过程并不是各自孤立和杂乱无章的偶然堆砌，而是一个由各个部分组成的合乎规律的有机整体，而且它的整体功能要大于各部分功能之和。

体育教学模式整体优化的原则：(1)整体性原则。用整体的观点考察体育教学模式，有助于我们在教学实践中科学地把握体育教学模式的结构和活动环节。(2)综合性原则。体育教学内容的执行和体育教学目标的实现均建立在优选的体育教学模式基础上才能完成。

2. 体育教学模式整体优化的内容。影响体育教学模式结构的因素很多，包括教学思想、教学内容、教学程序、教学方法、教学条件等因素，在诸多的因素中选择了教学内容作为逻辑起点与突破口，对多元体育教学模式进行优化。(1)根据不同教学思想优化体育教学模式。体育教学思想是制定体育教学模式的灵魂，不同的体育教学思想赋予了具体教学模式生命力，使教学模式有了明确的方向盘，最终去完成它预期的目标。为使教学思想条理化，明确化，使之从整体上符合学校体育指导思想的大方向，根据教材内容的不同性质，把它分类为精细教学型内容、介绍型内容。因此这类教材的教学模式应选择情感体验类模式和体能训练类模式为主,让学生在无技术难度的宽松条件下,一方面发展身体素质,加大运动负荷,可选择训练式教学模式、自练式教学模式等;另一方面通过快乐学习、成功学习,体验运动的乐趣,可选择快乐体育教学模式、成功体育教学模式等。(2)根据单元教学不同阶段优化体育教学模式。在精细教学类内容中,大纲规定了各个项目的学时,以确保各个运动项目单元教学任务的完成,并使学生能熟练掌握几项运动技能。在单元练习的最后一个阶段中,由于学生基本掌握所学的运动技能,应进一步重复练习和巩固、并注意动作的细节问题,因而在此阶段应以选择能力培养模式等为主。(3)根据不同的外部教学条件优化体育教学模式。体育教学的条件分为两类:第一,固定的一些硬件;第二,不固定的硬软件。(4)根据学生基础优化体育教学模式。教师是教学活动的主导,学生是教学活动的主体,主导与主体因素构成了体育教学活动的主要因素,因而在选用教学模式时,也要考虑到师生的具体情况、具体特点。

第二节 合作学习体育教学模式

一、合作学习教学模式概述

(一)合作学习教学模式的概念及原则

1. 概念:合作教学是一种与权力主义、强迫命令的教学观相对立的个新的教学观。它是由当代格鲁吉亚杰出的儿童心理学家、教育家阿莫纳什维利提出。合作教学实验的显著特点是:从尊重儿童的人格与个性出发,建立新型的师生关系,将学生在游戏中固有的自由选择和全身心投入的心态迁移至教学过程中去,从而在师生真诚的合作中实现教学目的。

2. 基本原理:(1)教学过程的发展性原理。合作教学认为,每个学生都具有无限的潜力和可塑性,教学与教育能最大限度地发挥儿童的潜能。(2)教育过程的人性化原理。合作教学提出教师要做到以下三方面以保证人性化的贯彻与实施:第一,热爱学生;第二,使学生的生活环境合乎人性;第三,在学生身上重温自己的童年。(3)教学过程的整体化原理。教学过程就是要发挥学生的自然力与生命力。(4)教学过程的合作化原理。在现实社会中,常常会发生学生希望成长,但也想玩;愿意学习,但不想失去自由,因此教师就要做到与儿童合作并从儿童的立场出发组织教学。

3. 方法:合作教学需要有一种能激发儿童兴趣的师生关系和一套能鼓励儿童自愿参加教学活动的方法。具体方法如下:(1)教会学生思考。教学中,教师可以采用在学生面前一边出声的思考,一边解题,让学生耳闻目睹教师的思维和解题过程;或教师应该鼓励学生怀疑、反驳、论证此课题。(2)"夺取"知识。合作教学认为,教师不应把知识填入学生的头脑,而应当与教师"夺取"知识,并在这种"搏斗"中体会成功的快乐。(3)充分利用黑板。合作教学认为板书是师生双方交流的主要手段。(4)学习后面语言。(5)说悄悄话。说悄悄话是课堂提问的一种特殊方法。答案对与错,由教师给予奖励、安慰等评语,有利于保护儿童的积极性与自尊心。(6)由学生当老师。合作教学认为,教师应当像演员一样,在教学中与学生一起做游戏,使学生感到自己从事的是自己愿意干的重要事情。

(二) 合作教学模式的理论依据

人本主义教育思想。以马斯洛为代表的人本主义心理学所主张的教育思想,对当代学校教育产生了广泛的影响。它强调"以人为本","以学生发展为中心",重视人的个性需要、价值观、情感、动机的满足,从满足主体生存需要的角度来发展学生的潜能。人本主义教育思想在学科教学中体现的就是主体性教学思想,在教学过程中充分发挥学生主体作用,最大限度地调动学生的自觉性、积极性、创造性。体育是"人"的体育,是人类文化的积淀,也是人类精神的乐园。体育学习是学习者认识自我这个主体尤其是对自我身体运动的认识,主动变革其身心的特殊的认识和实践过程。

学校体育为终身体育奠定基础的体育思想:该思想强调学校体育要为人们的终身体育服务,要为终身体育打好身体、技能和兴趣与习惯等基础,学会自主学习和锻炼,具有自主学习、自主锻炼和自主评价的能力等等。认为运动兴趣和习惯是促进学生自主学习体育和终身坚持体育锻炼的基础,体育教学应基于参加者的需要、兴趣等。因此,培养学生的自我体育意识是实现终身体育的核心问题。

自主学习、合作学习的理念。无论有无他人的协助,一个人或几个人都能主动地判断自己的学习需求,建立学习目标,确认学习所需要的资源,并评价学习成果,这种方式便是自主学习。合作学习,是指在自主学习的基础上,学生在小组或团队中为完成共同的任务,有明确的责任分工的互助性学习,合作可以产生更多的灵感,获取更大的收益,得到更好的体验。体育学习正需要自主、合作的学习方式,由于学生存在着身体、技能、兴趣和爱好等的异同,体育教学应给学生更多的自主、合作学习的机会,让学生学会自主地、生动活泼地与同伴合作学练体育,最终达成学习目标。学生的学习是被教师承包的,教师从备课、上课到布置作业全都是教师根据自己设想而设计的,设计的思想及动机学生一概不知,学生就是被动观察、模仿、训练或练习,他们慢慢地越来越没有激情,越来越依赖教师,离不开教师。因此,要让学生做自己学习的主人,学会自主合作学练体育,就必须有一种适合自主合作学习的教学模式,使学生把握自己的学习,而不是教师驾驭学生的学习。

构建的方法：依据人本主义教育思想、终身体育思想和自主、合作学习理念，我们运用演绎法建构了自主——合作体育教学模式的过程框架，然后通过在高校公共体育课和高中体育课教学中进行试验、修正，逐步完成体育教学模式的构建。

二、合作体育教学模式运用与检验

（一）适用范围与教学原则

1. 适用范围。我们认为自主——合作体育教学模式需要学生具有较强的自我控制和自我管理的能力，根据体育教学要适应学生身心发展规律，我们利用自身教学的有利条件，在高校公共体育课和中学体育课教学中进行了实践，确定了自主——合作体育教学模式最适合的范围是高中生和大学生体育课。

2. 教学原则。教学原则是保证教学效果的基本要求，运用自主——合作体育教学模式除了应遵循一般的体育教学原则外，还应把握以下原则：（1）自主性原则。教师应尽量设法提高学生学习的自主性。（2）情感性原则。自主——合作体育教学模式更应重视情感教学，教师富有人情味的教学，可以促使学生更自觉地趋向学习目标。（3）问题性原则。教学必须带着问题走近学生，问题设计要针对学生的实际，要科学地动用教育学、心理学的理论分析课堂教学的各组成因素。（4）开放性原则。主要包括三个方面，一是课堂教学形式要有开放性，二是课堂问题设计要有开放性，三是由点到面，由此及彼去解决学习问题。

3. 运用自主——合作体育教学模式应注意的问题。（1）教师要有足够的耐心和勇气。刚开始运用时不懂得如何进行自主学习、合作学习，表现出茫然、不知所措，不适应这种教学模式，这是很正常的。教师的耐心就表现在教师要敢于"浪费"时间，以足够的耐心和勇气指导学生逐渐学会自主、合作学练体育。（2）关注学生已有的经验，重视问题情境的创设。学生的已有经验是影响自主合作学习的重要因素之一。一般地说，上课伊始应创设一些与学生已有经验相近的"问题"或"情境"走近学生，进行一些相对简单的身体活动、思维活动，再把"问题"不断引向深入，促使学生在练习中思考。（3）精选和改造教材内容，激发学生学习兴趣。因此，如何精选和改造教材内容以激发学生学习兴趣，需要我们任课教师下大功夫去研究。（4）学会做一个积极的观望者，适时适当地介入学生的活动。自主合作体育教学模式强调的是学生自主学习、合作学习，但"自主"不等于教师不引导，不参与。因此，教师如何做一个积极的"观望者"，适时适当地介入和指导学生的活动，既不能过多地干扰学生的学习过程，又要能在学生需要指导和帮助时发挥你的作用，这是非常重要的。

（二）合作体育教学模式的意义

首先，"合作学习教学模式"以尊重教育理念为指导思想，符合现代教学理论的基本要求，其实验研究从时代特征和学生的特点出发，具有一定的现实意义。

其次，"合作学习教学模式"有效地利用系统内部的互动，使教学资源得到开发和利用，提高了学生的参与意识。改变以往传统教学中"讲解练习"的教学模式，利用组内成员的互帮互学，可以使学生产生愉快的心理体验，从而养成终身锻炼身体的习惯。

"合作学习教学模式"鼓励学生一起去达到目标，增加同学之间的交往，有效利用竞争与合作，培养学生的集体责任感和荣誉感。

构建大学体育"自主探求、学教互动"的能力型教学模式是大学体育课程特殊性的要求。大学体育"自主探求、学教互动"能力型教学模式充分体现了"以学生为主体，以教师为主导"教育理念，是学生主体与教师主导的相互作用而建立起来的稳定的教学活动程序。以体育俱乐部制为组织形式、以小组或团队合作为学习方式，以运动态度为重点的体育形成性考核方法是实现大学体育"自主探求、学教互动"能力型教学模式的基本形式。

第三节 多媒体网络体育教学模式

一、体育网络课程概述及开发现状

（一）体育网络课程概述

1. 体育网络课程的概念。什么是体育网络课程，至今，体育教育界并没有一个统一的概念。体育网络课程除了要考虑课程建设的一般要求外，还要考虑教育信息的传播方式发生改变而产生的教育理念、教育模式、教学方法等的诸多变化。

2. 体育网络课程的特征。体育网络课件的特征：（1）运动动作图像化。受体育专业教学方式的影响，直观教学作为体育专业传授技艺和学习技能的重要手段之一越来越被重视。体育网络课程资源开发的过程中，教师可以通过对运动数据的捕获、生理生化和心理数据的采集，图示化训练效果分析，提高体育网络课程资源的有效性及其质量。（2）图像动作仿真化。从运动技术这一视角来看，运动成绩要获得提高或者突破就必须在运动技术研究方法学上完成两个转变。运动技术仿真是要通过虚拟现实技术再现学生的技术动作诸细微环节、教练员的训练意图以及训练过程。（3）动作仿真微格化。随着计算机辅助教学技术的进步，体育教学的一个重要内容是讲解技术动作的分解变化过程、与技术动作相关的步伐或姿势变化过程、集体项目战术配合中的队员位置及运动线路变化过程等。

体育网络课程特征的具体表现形式：(1)技艺性。从当前人们对体育课程的学科性质与特征所持的基本共识可以知道，体育课程是通过身体活动进行教学和教育，是一门"技艺性"的学科。在授课之前，教师要让学生看懂并理解图中的动作，初步建立动作概念，学生通过看图并想像网前勾对角线技术动作，使学生头脑中的技术动作形象更加逼真。(2)动态性与非线性。动态性是指体育网络课程的学习内容是及时更新的、可生长的。非线性是指体育网络课程的内容结构方式是非线性、超链接的，这是由Web本身的特性所决定的，非线性的信息表达方式有助于培养学生的联想式、发散式思维。(3)多维性与多元性。多维性是指体育网络课程内容表现形态的多维性。(4)整合性。

3.体育网络课程的目标。课程目标是课程开发的起点和归宿，它直接影响整个课程的设计、开发方向，决定着课程的实现与收效。我们以体育教学论网络课程为例：体育教学论网络课程的目标就是要结合体育学科本身的特点、教育目标、培养目标、学生特点以及社会需求而制定。第一，使学生掌握体育教学基本规律，指导其当下的专业学习以及今后的体育教学实践工作；第二，使学生把握体育教学的基本要素，客观地认识体育教学本质；第三，使学生掌握体育教学方法，提高教学技能；第四，推动体育教学研究。

4.体育网络课程的重点、难点及解决办法。作为一门理论课程，体育教学论网络课程的重点是理论部分的教学；作为一门"实践性"非常强的理论课程，体育教学论网络课程的教学又离不开体育实践。构建体育教学论的理论结合实践的校内平台，使学生的理论学习成果实现有效及时的迁移和运用，为此需要建立教师协作组织，将实践课程教师纳入进来。

(二)体育网络课程开发的现状

1.体育网络课程开发过程中存在的质量问题。质量意识淡薄：质量意识是对质量重要性的认识，是质量观的基础理念。目前，虽然学校已经感到质量对体育网络课程意味着什么，但是上至学校领导，下至课程开发的具体教师，也没有搞清究竟要达到什么样的质量要求。

2.教职员工参与度不够。体育网络课程质量管理，是一个系统的工程，它不是学校某个部门，也不是某个教师就能做到的。因此，它要求所有与体育网络课程开发和质量管理有关的人员必须高度重视，学校也必须要让每一个人都清楚自己所在岗位的工作标准或质量定义，并充分参与，才能确保最高管理者所做出的各种承诺得以实现。

3.管理责任不明确。建立体育网络课程质量管理体系，其中一个重要的任务就是要落实管理责任问题。应该说管理责任落实，贯穿于整个体育网络课程开发的全过程，尤其是进入实质性开发阶段，能否克服各种困难和阻力，严格按质量要求办事，关键在于各级管理责任的落实。

4. 质量管理方法落后。目前，绝大多数学校的管理活动局限于以行政评价为主，对结果的评估、质量检验仍是控制质量的最常用的手段。对体育网络课程的质量管理，基本转移给具体的开发教师，而开发教师只能说是有一定的质量意识，就如何系统地进行质量管理并没有一个具体的方法。从这个方面看，体育网络课程的质量管理，已经明显地落后于企业的管理水平。

二、体育网络课程开发模式及其管理

（一）体育网络课程开发理论基础

1. 体育教学设计论。体育教学论网络课程的开发，只有坚持体育教学设计论，才能有效地依照体育教学的原则，通过体育教学目标设计、体育教学方法和手段的设计达到体育教学论网络课程教学的最优化。

2. 建构主义学习理论。建构主义学习理论认为，学习者应在一定的情境中获得知识，以"学"为中心进行学习环境设计。因此，它要求教师在依据建构主义学习理论进行课程开发与实施的时候，强调和注重情景、问题、学习资源、协作、互动、交流、引导等支持自主学习的教学策略的设计，设计多元而又富有个性的学习内容和学习方式。

3. 人本主义学习理论。以卡尔·罗杰斯为代表的人本主义学习理论认为，学习不是刺激与反应间的机械联结，而是个人潜能的充分发展，是自我的发展，是一个有意义的心理过程。因此，体育教学论网络课程开发在坚持建构主义学习理论的同时也必须注意到人本主义学习理论对体育教学论网络课程的影响，重视以学生为中心，重视创设真实的问题情境和协作学习模式，让学生充分获得自己想要的体育知识，实现自己的潜能。

（二）体育网络课程开发一般原则

1. 科学性原则。体育教学论网络课程开发是一个庞大的系统工程，它涉及面广，影响大，因此其科学性原则要求相当高。主要体现在两方面：一是体育教学论网络教学内容的科学性；二是体育教学论网络课程平台的科学性。

2. 开放性、协作性与交互性并举原则。能让教师方便、及时地对课程的体系和内容进行调整和更新，首要的问题就是实现其开放性。技术的开放要求其设计者留有必要的技术接口以备技术升级；内容的开放要求教师调动多方面的积极性，充分利用教学资源对体育教学论网络课程不断充实、完善。从网络课程开发的层面来讲，一个强大的网络课程体系，不可能依靠某一个教师来完成，它要求课程开发者协调工作,积极地参与到建设过程中。协作性观念提出的同时也对交互性提出了要求,教师通过交互可以使他们更全面、更及时地了解各个层次学生的学习情况,及时调控自己的课程教学;通过交互学生可以选用不同的路径、不同的方式进行自主学习。开放的体育网络课程为体育网络课程体系搭建了一个平台,在这样一个平台中通过协同工作,多向互动,充分实现师生之间、学生之间和人机之间的信息交流,使体育课程教学成为一种多向的信息流动过程。

3. 可持续发展的原则。高校体育网络课程出现开发各自为战、教师盲目开发、学生用之寥寥、课程开发流于形式等不良现象,亟待我们本着可持续发展的战略思想,用科学的理论消除上述的不良现象,带动体育网络课程开发的进一步发展,最终实现体育网络教育的可持续发展。

(三)体育网络课程的开发流程及教学设计

1. 体育网络课程的开发流程。目前,网络课程开发,大体分两种模式:一是教师课题组模式,二是商业公司制作模式。前者只注重了从教学设计上开发网络课程而忽略了网络课程的开发,后者只注重教材、教案的网上"搬家",缺乏对先进的教学设计思想、有效教学内容的组织及丰富教学活动的实现。因此,需要体育教学论网络课程开发流程提出一种既考虑软件工程设计思想,又考虑体育教学设计原则以及教学支撑环境的开发模式。

2. 体育网络课程的教学设计。体育教学论网络课程教学设计的好坏决定了整个课程质量的高低。体育网络课程能有效克服传统体育教学设计的弊端,突出以"学"为中心,强调和注重情境创设、协作、互动等支持自主学习和协作学习的体育教学策略设计,使教学设计在整个体育网络课程的教学过程中发挥前导和定向功能。只有把教师主导作用的发挥和学生主体地位的体现有机地结合,才能有效地达到体育网络课程所要达到的"主导与主体结合"的教学设计思想。

3. 体育网络课程实践教学的设计思想。体育网络课程实践教学设计贯彻"围绕课程内容,将理论运用于实践,将实践提升到理论"的思想。在理论课的教学中,我们也改变过去由体育教师一言堂的教学形式,运用现代教育技术手段,采取多种实践性教学模式,如参与讨论的模式、案例教学模式等。

4. 体育教学论网络课程支撑环境的整体设计。体育网络课程支撑环境是指支持体育网络教学的软件工具、教学资源以及在网络教学平台上实施的教学活动。因此,体育网络课程教学支撑环境的设计是体育网络课程开发的一个最重要环节。

5. 体育教学论网络支撑环境中的各子系统功能。体育课程管理子系统包括课程介绍、电子教材、网络课件、授课教案、授课录像、课程资源收集六个部分。课程的内容要以知识的逻辑关系或认知规律为线索构建知识系统,要以学生为主体进行优化配置。

讨论答疑子系统包括BBS、邮件和留言本，这一子系统的设计目的在于发挥教、学两方面积极性，活跃气氛和鼓励创造性思维的发展。作业、习题管理子系统是为教师检查学生对教学内容的理解而设计的学生在线完成的习题，可即时得到成绩，同时计算机会自动将学生做题情况发给教师，及时向教师反馈每个学生的学习情况，教师根据作业完成情况，提供必要的作业答疑，以方便学生理解和掌握。远程考试子系统包括题库、试卷自动生成、评分和试卷分析四大模块。试卷必须在确定体育课程知识点的结构基础上，让计算机按一定的题型、难度系数和区分度，合理地生成试卷。最后一个模块是体育网络课程的功能设计，主页面上采用导航按钮或导航图标，章节导航采用下拉菜单的形式，这样设计的目的在于方便学生在各个页面或各个知识点之间实现跳转。

（四）以过程为基础的体育网络课程质量管理体系的构建

1. 体育网络课程质量管理体系构建的基本理念。体育网络课程质量管理的基本理念需要从开发与管理两个层面看。同时，由于课程开发的民主化，课程的开发才不至于是某个教师，或者学校某个部门的事情，这就必须以质量为本，坚持全员、全过程质量管理理念。

课程决策民主化的基本理念：课程决策可以界定为在一定的人才质量观指导下，为达到一定的教育目的（主要是人才的培养目标），在一定的信息、知识和经验的基础上，依据一定的人才培养模式，选择或确定一个合理的课程体系构造方案的分析、判断、决策的活动。因为，体育课程内容包括了知识、经验和身体练习三个要素的资源——知识资源、经验资源和身体练习资源。体育网络课程开发决策民主化，意味着发挥参与开发团体、学生以及利益相关方的作用的管理策略，课程的决策分享由统一化走向多样化，其实质在于权力分享以及与之相应的责任分担，保证体育网络课程开发过程中，众多权利主体广泛参与，以期更好地发挥体育网络课程的功效。体育网络课程开发的决策过程应该是民主的，应该遵循体育网络课程初步定向、价值评估、征求师生家长和专家意见等必要的民主程序，尊重学校的独特性、师生的差异性，突出学校的课程特色，使之满足学生的学习需求，发挥学校的体育教育资源优势。当然，民主决策的过程中也要体现一定的集权理念，这样才能使体育网络课程有标准化的组织结构、管理方法与管理程序。

以质量为本的理念：市场的竞争归根结底是质量的竞争，企业的竞争能力与生存能力主要取决于它满足社会质量需求的能力。我们要想在体育网络课程这片领域站住脚，并得到发展，那就必须把质量放在第一位，走以质量求生存、求发展、以特色取胜的内涵式发展道路。体育学习内容的选择实际上是一个根据教学目标对各类运动素材分析判断的优选过程。总之，我们认为，从体育网络课程的运动素材——教学目标——价值的判断——典型性分析——实施条件——学习内容，这一系列的内容都应该体现出以质量为本的理念。

全过程管理理念：任何产品或服务的质量，都有一个产生、形成和实现的过程。也就是说，要保证课程的质量，必须从立项开发到最后的交付都要质量管理，要把质量形成全过程的各个环节或有关因素控制起来，形成一个综合性的质量管理体系，做到以预防为主，防检结合，重在提高。这就要求体育网络课程在开发过程中，必须防止不合乎质量要求的各个过程流入下道工序，并把发现的问题及时反馈，防止再出现、再发生。

2. 体育网络课程质量管理体系构建的基本原则。以学生为关注焦点：ISO9000标准中指出："组织依存于顾客。这里所说的组织即学校，顾客即学生。在标准中，以学生为关注焦点原则体现为一个完整的管理过程：确立以学生为关注焦点的经营理念，将这一理念传达到课程开发及其他相关方面，识别并确定学校的目标顾客，识别、分析学生的需求并制定学生满意目标，调查学生满意度及实现目标情况，分析改进，识别学生新的需求并进入下一个运行体系以循环。

领导作用：ISO9000标准中指出："领导者确立本组织统一的宗旨及方向。他应该创造并保持使员工能够充分参与实现组织目标的内部环境。"由于领导者是课程开发的最高管理者，管理层是课程开发的决策层，对课程开发制定正确的发展规划、落实各项质量措施、协调和控制各开发部门的工作职能与活动有重要作用。

全员参与：ISO9000标准中指出："各级人员都是组织之本，只有他们的充分参与，才能使他们的才干为组织带来收益。"也就是说，在体育网络课程开发的过程中，以教师为主体，形成一个由校长、教师、学生共同开发课程的一个合作共同体。因此，我们在建立质量管理体系过程中，要结合各岗位的工作职能，将体育网络课程的质量目标进行分解，将每个环节的工作流程编写成相关支持性文件，直接规范到每个岗位的工作行为。

3. 体育网络课程质量管理体系构建的基本策略。体育网络课程开发质量管理的策略，应该从学校组织与课程开发本身两个层面来看待。从课程开发的本身来看，ISO900必须坚持整体规划与分步推进相结合的策略。其次，力求使体育网络课程质量管理制度化、标准化、文件化；再者，强调对体育网络课程质量管理的持续改进，建立一个自我完善和改进的机制。从项目开发组来看，必须坚持整体规划与分步推进相结合策略，按照体育网络课程软件生命周期与体育网络课程开发进程进行。

整体规划与分步推进相结合的策略：（1）系统分析。系统分析是体育网络课程软件开发过程中必不可少的两个环节，它为高质量体育网络课程软件平台的开发奠定了基础，其目标是将课程应用系统的需求转化成实际的物理实现。（2）运用策略。首先，简单——复杂——简单。分析经常要经历简单——复杂——简单的过程，前一个简单表现为分析人员认为简单。要提高体育网络课程开发的质量，也必须运用这样的策略，首先整体设计，然后分布设计，最后再综合设计。软件复用技术：新开发的课程软件，要从一开始就考虑其可演化性，以便以后的再工程和构件提取。

体育网络课程软件生命周期与体育网络课程开发流程结合的开发策略：（1）全员参与、全程管理的策略。学校通过对教职员工进行全员培训和骨干培训，使每位员工了解学校体育网络课程的质量方针与目标，熟悉自己的岗位职责和工作程序。就一所学校来说，必须统一认识ISO9000质量管理标准的作用，贯彻ISO9000通用管理模式，通过全员参与、全程管理，使体育网络课程质量意识成为每个教职员工自觉的行为。（2）标准化、文件化策略。体育网络课程质量管理的其中一个重要的问题，就是要依托一个科学、合理、精干、高效的组织结构，用文件化、制度化和标准化的管理模式，完善有效的职责管理、资源管理、课程实现并努力实现持续改进，最终建立体育网络课程质量管理体系。依靠这种文件化、制度化和标准化的管理方式，不断在开发实施中完善，提高其质量。（3）自我完善与改进并举的策略。ISO9000标准是一个动态标准，对体育网络课程质量完善与改进也应是动态的。此外，学校必须在组织体制、运行机制、人员素质、体育网络课程开发与实现等方面进行改进。

4. 体育网络课程项目开发的质量管理流程。体育网络课程项目的质量管理是一个系统的过程。体育网络课程项目质量管理步骤分析：依据体育网络课程项目生命周期，从立项、计划、实现、交付四个部分来谈课程开发的质量管理。（1）立项管理。体育网络课程项目的立项管理包括了立项流程、管理要求以及记录的文档。项目评审——通过项目的可行性分析研究，确定项目是否立项。以湖南师范大学为例，体育网络课程的申报主要是选择在体育学院连续开设三年以上，建设基础较好、学生受益面较广的课程。立项前期由课程项目负责人与学生进行沟通，以明确对体育网络课程的要求与期望；项目启动阶段包括项目计划的制订、系统开发环境与运行环境的确定，项目团队的计划和组织、各种合同的签订等一系列项目开发前的准备工作和基础性工作。总之，立项阶段要根据学校对体育网络课程的质量方针来制定课程的质量计划，涉及从项目立项到项目结束各个阶段的质量保证活动，计划一定要做到细致全面，涉及项目开发的每个阶段，每一个任务，每一个过程。（2）计划管理。体育网络课程项目计划管理大体上可以由以下几种计划组成：项目开发进程计划；项目变更控制、配置管理计划；项目质量计划；项目集成计划；测试或确认计划。项目的质量计划针对项目开发的全过程，规定由谁做，何时做，应该使用哪些程序和相关资源的文件。质量计划是经过工作分解结构得来的。（3）阶段管理的要求。体育网络课程项目实施阶段，应该及时填写项目周报、追踪项目进度计划、提交工作量统计、汇总部门工作量统计。在这个阶段，还应该充分利用配置管理，进行配置管理监控。

5. 体育网络课程质量管理体系的策划。体育网络课程质量管理体系策划在学校尚未建立质量管理体系而需要建立时，或虽已建立却需要进行重大改进时，由学校最高管理者根据学校所处的外部环境、内部资源以及未来的体育网络课程发展的方针与战略，制定体育网络课程质量方针与质量目标，并规定必要的运行过程和相关资源以实现体育网络课程的质量目标。体育网络课程质量体系策划，要求明确学校、学生及其相关方的要求和期望，建立质量方针和目标，分析和建立内部运作流程，明确内部、外部顾客的概念，并在运作中转化和分解顾客要求。

6. 体育网络课程质量管理体系的过程方法。质量管理体系方法的说明：质量管理体系方法是为帮助组织致力于质量管理，建立一个协调的、有效运行的质量管理体系，从而实现组织的质量方针和质量目标而提出的一套系统而严谨的逻辑步骤和运作程序或方法。体育网络课程质量管理体系方法的逻辑步骤是首先分析学生的需求和期望，建立学校对体育网络课程的质量方针与目标；确定实现质量目标必需的过程和职责，提供实现质量目标必需的资源，规定测量每个过程的有效性和效率的方法，并应用这些测量方法确定每个过程的有效性和效率。

质量管理体系过程方法的引入：体育网络课程质量管理体系采用过程方法，按项目管理的方式，从立项管理、计划管理、阶段管理一直到最后的交付，确保各个阶段影响过程质量的所有因素。其优点在于对过程系统中单个过程之间的联系以及过程的组合和相互作用进行连续的控制，体现其目标定向性以及预防与持续改进的原则。过程方法的运用：（1）识别过程。首先要突出主要过程，并对其进行重点控制，这对体育网络课程质量管理来说尤为重要。其次是要将主要过程分解为较简单的小过程。（2）制定执行过程的程序并落实职责。要使过程的输出满足规定的质量要求，必须制定执行过程的程序。同时，任何一个过程都必须规定由谁去"做"，而且这种规定必须严格执行，对各相关部门责任人执行规定的结果应当进行适当的监督、检查。（3）控制并改进过程。控制的目的是为防止运行的过程出现异常。改进过程主要是针对过程中存在的不足，通过测量和分析来发现问题，并采取措施来解决，达到持续改进的目的。

7. 体育网络课程质量管理体系的总体设计。借鉴ISO9000族标准，以过程管理为基础，对组织所进行的统筹规划、系统分析，从管理职责、资源管理、产品实现，测量、分析和改进四个方面提出设计方案的过程。

第四节　高校体育教学模式的发展

一、体育教学模式的发展

（一）体育教学模式的目标趋向情意化

社会的变革、科技的进步对人类的生活和身体产生了很大的影响，比如心理素质、身体素质、社会适应能力等。在实施素质教育的进程中，要以培养学生的创新意识和体育能力为重点，要通过改变教师的教育理念、教学方法、教学内容和教学评价等方面来灌输新的体育教学思想。现代教学理论研究和教学实践活动都已表明，学生的智力因素与非智力因素在他们的学习活动中都有着积极的作用。现代教学模式改变了传统的教学活动中片面强调智力因素的作用。以此来培养学生的自立性、情感性和独创性。使教学过程具有复杂、新奇、趣味等特征，学生在一种浓厚的兴趣、强烈的动机、顽强的意志状态下学习和掌握体育知识技能，更能激发学生求知的内驱力，有很强的情意色彩。

（二）体育教学模式的形式趋向综合化

教学模式形式趋向综合化的意思是说体育教学模式向课内课外一体化发展。课内的主要任务是学习一些新的知识点，改进一些错误动作，因而要充分利用课外的时间，加强强化练习、过渡练习，复习与巩固已学的知识与技术，经常锻炼，才能把运动技能上升为熟练化、自动化。虽然目前来说体育课是受到重视的，但课外体育活动却名存实亡。

从教学模式角度而言，目前由于对课外体育活动的不重视，这方面教学模式的研究也显得很薄弱。它在教学实践中还很不成熟，具体的操作模式也不够明确，因此我们暂没有把它列入现有体育教学模式的体系中。

（三）体育教学评价体系更加注重"三维"的综合评价

所谓"三维"综合评价就是指在评价体育教学效果时，不仅从生物学角度评价其提高生理机能的效果，还要从心理和社会的角度来评价体育教学的效益。评价方式由单纯的定性或定量方法转变为把定性和定量综合起来，在重视他人评价的同时，也重视自我评价；评价的内容也由单纯的对学生的评价转变为既评价学生的学又评价教师的教。通过改革评价体系，可使学生乐于接受评价，并积极参与评价。

传统的教学模式只重视终结评价的作用，忽略了学生学习和练习过程中的评价，因而学生的学习兴趣、爱好、情感反应都得不到反馈和体现。因而体育教学模式在当代，逐渐地摆脱了单一的终结评价方法，开始重视学生的学习过程评价、学生的自我评价、单元评价等等。

（四）教学方法更加灵活，注重学生主体性的发挥

大多传统体育教学模式中教师是课程的被动执行者，学生也只是被动的接受，而未来的体育教学模式程序中教师是主动的决策者和建设者，是学生学习的促进者和合作者。尊重学生的自我选择，教师指导学生自订目标、自我评价，逐渐培养其自学自练及创造性思维和相应的体育能力。

（五）体育教学模式研究的精细化

理论研究的目的是指导实践研究，同时也起到总结实践的作用。目前大多的理论研究仅止于此，因此造成了许多低水平重复的极大浪费。理论研究与实践研究的结合必然是一条必经之路，一方面，教学模式的研究同任何理论的研究趋势一样，必将从一般教学模式研究走向学科教学模式研究。另一方面，课堂教学模式的研究又趋向精细化。尤其是有关中小学体育教学模式的理论与实践研究将会得到很好的重视。精细化是教学模式研究的必然趋势。

二、中外高校的教学模式比较

（一）我国体育教学模式分析

1. 我国当前体育教学主导模式分析。一直以来，我国对体育教学模式的研究都相对较少，但是，体现一定教学思想和规律的教学过程结构已经相对稳定地建立了。人们往往用"教学过程结构"来代替教学模式，这种提法，对于体育教学模式而言是有偏颇的。但是，尽管如此，也正是因为这个特点教学模式直观性的集中体现，才使其成为我们把握体育教学模式的关键。

我们把我国体育教学实践中有一定代表性的体育教学模式分为以下五类：（1）运动技能传授模式。运动技能传授模式是一种以运动技能教育观为指导，以运动技能的形成规律和认知规律为主要依据设计教学过程结构的模式。在目标方面，主要是传授体育的基本知识、基本技术和基本技能，通过"三基"的传授来完成体育教学的各项任务。（2）运动技能传授为主、身体锻炼为辅的模式。运动技能传授为主、身体锻炼为辅的模式是以"全面教育"的体育教育思想为指导，构建教学过程结构的一种体育教学模式。教学目标是运动技能的传授和身体锻炼。（3）发展身体素质教学模式。这种模式是在教师的指导控制下，学生进行各种身体素质练习，并规定负荷与休息的交替，以发展学生身体素质为中心的一种体育教学活动体系。指导思想以发展学生身体素质为主导，遵循学生生理和心理活动起伏变化规律和负荷与休息合理交替的规律。目标是发展学生身体素质，增强学生体

质。(4)培养体育能力教学模式。这种模式是在教师的引导下,通过学生的自我探索尝试,以培养学生体育能力为主导的体育教学活动的策略。指导思想是在教师的引导下,通过学生的自我探索、自我练习和发展,来培养学生的自学自练自评自控能力和互帮互助等各种体育能力。目标为培养开发学生各种体育能力,为终身体育奠定基础。(5)发展学生个性教学模式。这种模式是从不同年龄学生的兴趣出发,采用多种教学内容、方法、手段和组织形式,以发展学生个性为核心的体育教学活动的策略。目标是通过丰富多彩的体育教学活动,来生动活泼地发展学生个性,为培养个性充分发展的现代人服务。

2.体育教学模式在运用中的注意事项。现代体育教学模式本身也是一种课的类型,是突出某种教学思想的课的类型。因此,在实际应用中应注意以下几个问题。(1)必须结合实际应用,各个地区、学校的实际情况总是存在这样或那样的差别。(2)结合体育教学目标选择体育教学理论,确定切入点。因此,体育教学模式研究要恰当选择教学模式的类型,既要选择准切入点,又要标新立异。(3)把握体育教学模式的框架,把握体育教学模式研究的要素、特性、功能。(4)体育教学模式选择的指向性。(5)体育教学模式的综合应用。在素质教育的要求下,综合运用体育教学模式,必须首先考虑体育教学目标和确定评价的方式。需要指出的是,我们不是为了模式而研究体育教学模式,体育教学模式的最终归宿是应用于体育教学实践,这是其生命力之源泉。找到两者的最佳契合点,对解决当前体育理论与实践脱节的问题至关重要,我们应该共同为之思考和努力。

(二)国外体育教学模式分析

国外高校重视竞技运动项目的教学,其主要目的不是为了提高学生的运动技术水平和运动成绩的,而是以有利于学生形成终身体育习惯并学有所用为最终目的。

1.美国的体育教学模式分析。指导思想:美国的体育教学指导思想的基本格调是使学生成为一个完整的人,以借助健全的身体素质更好地进行生活和服务于社会。美国体育教学内容加大了教材选择的余地,加强体育教学内容与社会和生活的紧密联系,灵活性很强,使得学生能够学有所用。在美国出现比较有代表性的四种体育教学模式:竞技体育教学模式、培养学生对个人和社会责任感的教学模式、体育健身教学模式和体育与其他学科相结合的教学模式。在教师的指导下,不仅能使学生充分了解体育运动的重要性,而且还能够充分激发所有学生积极参与的热情和内在的动机,树立学生的自信心和成就感。

教学目标:竞技体育教学模式、培养学生对个人和社会责任感的教学模式、体育健身教学模式和体育与其他学科相结合的教学模式。突出学生为中心,在活动中学习、创造,重视发展学生主动性、创造性,培养独立思考和表现力、创造力，教师则起帮助和辅导学生的作用并且强调学生的个性的发展。课程设置：各州制定教学大纲，部分学校实行两年制体育必修课，后两年为选修课，大部分学校实行一年制必修课。在课程内容方面体现了运动项目多样性，降低运动项目的难度和运动负荷，使项目更加适应学生身心特点，便于其参与，最终实现开发学生的行为能力的体育教育目的。

2. 英国的体育教学模式分析。指导思想：英国体育教育改革和其他各国相比较而言，体育课程改革具有延续性和相对独立性的作用。英国的高校体育课程教学既重视学生的个性的发展和能力的培养，又重视双方达到共同的要求，既重视学生的学习过程和体验，又重视学生的学习过程中基本技术技能的掌握。长期以来，英国形成了国家和社会相结合的教育体制，这种教育体制和其他欧美各国有很大区别，它对体育课产生了巨大的影响。英国的学校，特别是高中和大学有一种传统，就是学生可以自己负责自己的活动，自己制定计划参加比赛，学生按照自己的意愿参加活动，这一切均促进了学校体育活动的开展。

教学目标：英国的高校体育教学课程目标之一就是使学生"获得体能与健康的知识和理解"，同时，英国课程标准强调："体育课程要在精神、道德、社会、技能等方面促进学生的学习和发展"。英国高校的体育课程的设置与体育专业紧密联系高度相关，不仅注重科学研究能力的早期培养，而且锻炼塑造培养学生的研究能力，并且能够在一定程度上，提高学生的体育专业素质，进而逐步开展教学活动。

3. 国外体育教学模式具有的特征。通过上述比较分析，我们可以看出，在不排除技术学习和身体锻炼的前提下，国外尤为重视学习中的主体性和学生通过主动性的体育学习所获得的基本认识和志向性。国外体育教学模式具有以学生积极参与为主、以培养能力为中心的特点，注重以学生为本，强调运动体验与感受。各国均把增进健康、增强体质进行体育道德教育、发展学生个性及形成良好的社会行为、培养学生体育兴趣和体育能力作为体育教学指导思想和课程目标。课程内容多样化，注重加强教学内容与社会和生活的联系，培养学生终身体育的能力，而教师所起的主导作用，是不断鼓励和帮助学生进行探索，考虑学生运动项目与兴趣的全面性。

纵观各国体育课程标准无不体现出学有所用的教学思想，通过学校体育培养学生学有所用的意识，发展学生的健康体质，已成为各国的共识。为完善终身并且奠定终身体育观念，达到体育教学学有所用构建一个良好的基础。但是需要指出的是，国外重视体育运动项目的教学，其主要的目的不是在于提高学生的运动技术水平和他们的运动成绩，而是以有利于学生们形成他们终身体育习惯为最终目的。

4. 国内外体育教学主导模式的比较。国内外体育教学主导模式所具有的上述特征是由它们各自的体育教学指导思想决定的。在师生关系上表现为强调以学生为中心，突出学生在教学过程中的主体作用。日本在战后一直把培养学生的"学力"作为学校教育和学校体育研究的重要课题。新的"学力观"把培养学生终身爱好运动和自主地运用知识技能进行运动的能力和态度作为核心内容；把培养学生的思考力、表现力和解决问题的能力放在第二位，然后是知识、理解和技能。德国则兼具二者特点，中国体育教学模式则受凯洛夫教育思想影响较深，依据学生认识规律、技能形成规律，强调教师主导作用。美国、日本和德国体育教学模式的优势和侧重点基本相同：第一，学生居中心地位，有利于发挥学生的积极性、主动性和创造性；有利于发挥学生的个性和能力；有利于培养学生对体育的兴趣和爱好。第二，在学习中，学生要经常自行安排，易使学习缺乏系统性和全面性。第三，教师的作用如何充分发挥的问题也比较难以解决。学生处于被动和从属地位，对培养学生个性、能力和从事体育的兴趣不利。

（三）国内外体育教学模式群分析

对体育教学主导模式的分析，旨在考察体育教学模式的总体特征，但主导绝不等于"唯一"。这些模式一方面丰富了体育教学理论，同时也对体育教学实践产生了极大的影响，所以对体育教学模式的群体（简称体育教学模式群）进行探讨，显得越加重要。

1. 国外体育教学模式群的特点。国外体育教学模式群的最大特点体现在教学模式所涉及的培养目标非常广泛，而且针对性强。这些特点体现在教学模式的分类上。《当代西方教学模式》一书中，作者概括出了25种教学模式，并按主要教学目标分类将其分为以下四类：第一，以认知掌握和认知发展为目标的教学模式；第二，以学生的社会性品质为目标的教学模式；第三，以学生的情感、意志以及心理健康为目标的教学模式；第四，以某种行为的出现为目标的行为训练模式。

这种分类在体育教学领域中也有一定的适合度。美国学者安娜里诺根据《教育目标分类学》创立了"体育教学目标操作分类学"，确定了体育教学的四个目标。目标与模式之间是一种大致对应的关系。不仅有认知方面的，而且还有社会性方面的、情感意志方面的、行为方面的、心理健康方面的。除了认知目标外，其他各类目标也都有与其相适应的模式。这是国外体育教学模式灵活多样、针对性强的具体体现。

国外体育教学模式中的教学活动不限于课堂而是延续到课外。课堂上也不限于体育知识、动作技能的传授，而是把学生的各种活动搬上课堂，既满足了学生的兴趣和需要，又注重加强教学内容与社会和生活的联系。课内活动与课外活动形成统一的过程，这也是国外体育教学模式比较突出的特点。

国外体育教学十分重视能力的培养。在美国、日本等国，各种体育能力的培养都从隐性的目标变成了显性的目标。发现式体育教学模式、快乐体育教学模式、小群体体育教学模式以及成功体育教学模式等等，这些模式的出现大大增强了各种能力素质培养的可靠性。国外体育教学模式面向多样化、实用化方向发展，是我国体育教学模式所无法比拟的。

2. 中国体育教学模式群的不足。与国外相比，我国体育教学模式群的整体特征是形式多样，功能单一。所谓的"先进之处"，只不过是为某一种教学模式提出了更多的教学目标，但是这些目标能否实现，却是值得怀疑的。（1）模式目标指向比较单一。当前，国外体育课程的目标呈现多元化趋势。而在我国，传授动作技能的教学模式几乎占据了所有的体育课堂，成为唯一实用的固有模式。人们习惯地认为只要学习了知识也就发展了能力，二者是统一的。退一步说，如果说知识的教学对认知的发展还有一定的功效的话，那么对社会性品质的培养，对情感意志和心理健康的发展来说，收效却是甚微的。（2）模式之间的特征不明显，针对性差。我国体育教学模式的特点是每一个教学目标都没有自己相对应的教学模式，从而使目标显得遥不可及，仅成为口号而已。每一种模式大致都遵循着同样的教学过程：提出课题、激发兴趣、教师引导、学生练习、教师评价、信息反馈。要解决这一问题，最有效的途径是改变原来仅以动作技能的传授为目的的教学建模原则，为学生能力、个性的发展建立自己独特的教学模式。（3）模式理论性强，操作性差。近年来，虽然我们从理论上提出了许多新的教学模式，但这些模式大多在实践中都不能得到有效运用，能运用的、可实现的目标也很单一。现在，人们也试图建立培养体育能力、发展学生个性等体育教学模式，但这些模式的可操作性差，仅停留在理论建构的水平上，缺乏具体的操作步骤，因此运用起来随意性较大，且缺少科学的评价手段。

总结我国体育教学模式现状的形成原因，可以简单归纳为两点：其一，以当前实际教学状况为主的实然的教学目标所决定的。其二，是由我国传统思维方式的整体性、思辨性的特征造成的。思维方式上的思辨性特点使体育教学模式的建构是一个构想和臆想的过程，片面重视理论设计，而忽视试验和验证的过程，因而不具有实用性。首先，要以各种体育学科能力的发展为轴组织教学内容，设计教学模式；其次，应以理论与实践相结合的方法论为指导，结合体育教学的特点，建立起适合我国实际的、真正实用的体育教学模式。

我们有理由相信，在新体育课程理念的指引下，随着我国体育教学改革的不断深入，我们会创立出更多富有特色的体育教学模式，并使体育教学模式的研究迈向一个新的台阶。

第五节　高校体育翻转课堂教学模式

一、翻转课堂教学模式概述

近几年，翻转课堂已成为国内外教育专家及学者们研究的热点。这种模式让学生在课前通过观看教学视频或课件等方式的学习资源，通过课堂师生互动讨论解决问题，课后反馈总结评价的过程。翻转课堂是一种全新的"混合式学习方式"。实践证明，翻转课堂在激发学生兴趣，提高考试成绩和提升教师工作满意度方面都有促进作用。

随着我国高校体育教学改革的不断深入，旧有的体育教学模式已不适应未来社会发展对人才的需求，体育教学模式也在不断得到创新和研究。体育教学作为一门实践性很强的课程，与其他学科相比具有特殊的专业特点。翻转课堂教学模式的出现，正好为体育教学模式的构建提供了一个思路。随着教育信息化的发展，教学理念的更新，教学手段与教学方法也越来越多样。例如，近年越来越受教育工作者和学习者青睐的翻转课堂教学模式。在翻转课堂中，教师根据学生在线学习的情况，因人而异的对学生实施个性化教学。基于翻转课堂的教学资源更不受教师、学生和学习时空的限制，能极大实现对有限教学资源的高效利用，使学生可以在线感受名家名师的授课，从而提高课程教学效率和质量。翻转课堂教学模式越来越受到广大教育工作者普遍关注和日益重视。

（一）翻转课堂教学模式的理论依据及目标原则

教学模式是在教学思想和教学理论指导以及一定的教学理念的引导下建立起来的各类教学活动的基本结构或框架，通常包括理论依据、教学目标和原则、教学与学习程序、实现条件与教学资源、教学效果评价等要素。

在理论依据方面，以翻转课堂"先学后教"思想为基础，重视教学活动中学生的主体性和学生对教学的参与。依据大学体育教学的特点，尤其斯金纳操作性条件反射的训练心理学，通过视频学习一边吸收理解联系，不懂再视频回顾，从实践强化到学习掌握的过程，这样反复的循环过程塑造有效行为目标。

在教学目标和原则方面，大学体育教学主要目标是巩固和提高大学生在中小学体育教育阶段构建的体育锻炼思想、习惯和能力，从而更好地引导和教育学生主动、积极、科学地锻炼身体，掌握现代体育科学中的基本知识与技能。

教学与学习程序方面，以优质视频资源和交互学习社区为基础的基于MOOC翻转课堂体育教学模式的基本教学程序可以设计为：预习教学内容——有针对性地观看教学视频讲解、示范——激发学习动机、发现学习问题——课堂讲授新课，接受教师、同伴评价——通过拓展资源完善、扩展知识与技能结构、通过反复练习实践加深理解和加强训练效果。

从实现条件与教学资源来看，近年来高速发展的MOOC平台和互联网的普及为翻转课堂体育教学模式提供了良好的实施条件，因此需要教师根据课程与教学内容自己设计与制作，其基本内容可以包括教学内容和动作演示讲解视频，理解性的练习，实践性的课余训练活动，实践训练的摄像记录视频，专题性的研讨问题等一系列问题。教学效果与评价：基于MOOC的翻转课堂体育教学模式的实施对激发学生学习体育的兴趣，培养学生自主学习、发现、分析、解决问题等综合能力和技能的提高，以及适应社会发展的自主学习能力和相互合作能力的培养具有积极作用。教师要及时掌握反馈信息并根据所获情况进行适当引导，鼓励并充分调动学生的学习积极性，因材施教的针对不同学生进行讲解和教学。对学生的评价，也应该注意大学体育教学不同于其他文化课程，不能简单地以考试成绩作为其学习好坏的衡量标准，"健康第一"作为学校体育教学的指导思想，必须要把"健康"标准贯彻到体育考试环节。指导学生加强体育教学认识，养成体育锻炼习惯，构建与体育教学目标相适应的人性化测试。

（二）实施翻转课堂的意义

1. 翻转课堂的内涵与发展。翻转课堂出现在2007年前后，是将课堂中的一些知识，简单制作成教学视频发布到网络上，让学生在家里看视频，目的是为了解决部分学生因缺课跟不上教学进度的问题。可以说这样的上课形式颠覆了传统的教学模式，能够充分调动学生的主观能动性。这种全新的教学模式首先由美国科罗拉多州的化学老师乔纳森·伯尔曼和亚伦·萨姆斯最先在课堂教学中使用。但翻转课堂的兴起与发展则源于"可汗学院"的出现。

在翻转课堂教学模式的逐步普及的过程中，各国的教育工作者也根据本国的实情对其内涵和实施过程进行了拓展、延伸与发展。这也是翻转课堂开创者乔纳森·伯尔曼和亚伦·萨姆斯最为关注的，他们认为这有利于激发学生潜在的求知欲望，发展学生深层次认知能力，实现教师与学生之间、学生与学生之间的实时交流与互动。

2. 在大学体育教学中实施翻转课堂教学模式的意义。学校体育工作的中心是体育教学，而体育教学又包括体育理论知识教学和体育实践教学两部分。体育实践既是大学体育教育的重要组成部分，是激发学生热爱体育的直接方法，也是体育理论检验的基本手段，更是体育教目标实现的关键要素。对传统体育理论课教学理念的误解和大学课堂时数的限制以及大学体育教师在课堂教学上表现手法的缺失，种种原因造就了目前大学体育理论课堂教学的尴尬地位。一方面，这样的教学过程方法单调，内容也相对陈旧而缺乏新意。另一方面，不能因材施教。而对于悟性较高者又熟悉的讲解、示范，他们会感到乏味而失去兴趣，这必然会导致部分学生掉队，部分学生却出现"吃不饱"，难以激发学生学习兴趣的现象。

首先，翻转课堂突破了传统课堂时空和固定教师的限制，解决了一些学生由于某些原因不能接受课堂教育，或者不能及时领悟课堂教学内容的问题；其次，翻转课堂构造的学习社区加强了教师、学生、教学内容和教学、学习资源之间的相互作用、相互联系；第三，在翻转课堂中，教学过程基本上能够实现教学中倡导的因材施教与分层次教学，学生能充分发挥其在学习过程中的主观能动性和得到具有针对性的指导，有效地提升了课堂互动的数量与质量。正因为翻转课堂的这些优势与特征，基于翻转课堂的体育教学模式能够较好地解决由于教学时间限制、教学资源有限的问题，并解决课堂教学中学生掉队和"吃不饱"两方面的问题，也为树立终身体育教育思想的贯彻提供了保障。

二、翻转课堂教学模式应用与实践

（一）翻转课堂的模式构建

体育教学翻转模式的构建与一般翻转课堂模式相似，包括课前学习资源的制作准备，学生自主学习、课中知识内化、课后总结评价几个阶段。

1. 课前学习资源准备阶段：教学目标是教学活动的实施方向和预期达成的结果，是一切教学活动的出发点和最终归宿。在课前，教师根据教学大纲、计划明确教学目标和任务。在教学过程中不断修正新的教学目标，使课前、课中、课后形成一个完整的、协调的、相互联系的整体三维目标。通过信息技术将技术动作的概念、要领、方法及技术原理等制成PPT演示文稿。综合利用演示文稿和视频等手段将教学内容形象地表现出来，按照教学步骤和程序作为学习资源上传网络平台。同时，要注意翻转课堂教学内容的体系要完整，组织结构要合理，要根据学生的认知水平和要求，选择恰当的教学素材，并根据教学内容的结构特点进行合理地加工和处理。

对于示范动作难度比较大或难以直接进行分解示范的动作，可以通过二维或三维动画技术并辅以用力方向、用力大小、运动轨迹等图示及文字说明将其生动具体的展示出来。比如：在背越式跳高过杆教学中，人体在过杆时所做出的"背弓"动作，在实际教学过程中无法在杆上做出静止示范动作，也无法更直观地展示，但通过视频的加工处理，配以"箭头"表示的力的方向及文字说明，就会使得教学视频更直观、更清晰。依据教学单元的计划安排，由浅入深、由易到难合理组织每个教学环节，让学习者在不浪费大量时间的前提下，学习掌握理论知识。翻转课堂教学模式需要学生具有自主学习、发现问题和解决问题的能力，更需要学生积极主动地参与到课前新知识的学习中来。对技术动作概念、要领、方法及技术原理等理论知识进行学习，通过对知识的理解，借助想像法对技术动作有一个大概的理解和认识。学习过程中，要主动发挥发现问题和解决问题的能力，及时发现疑难问题，通过查阅网络资料解决一些力所能及的问题。对于课前学生对学习新技术动作的渴望和热情，不可避免的会出现有些学生积极主动的去练习。为避免缺乏体育教师的检查和指导，出现错误动作形成错误动作动力定型，要求学生在自行练习中要适当，以小组和结伴的形式进行，在充分观看了解教学视频示范动作的前提下检查指导，锻炼和培养学生发现问题和纠错的能力。对于一些较难掌握的技术动作，通过"虚拟系统"不断的练习，帮助学生提高对技术动作的理解和认识，也能够保证在场地器材难以满足的情况下进行练习。

2. 课中知识内化阶段。课中应是学生提出问题、教师答疑解惑、并通过具体的身体练习形成运动技能，使知识内化的阶段。通过课堂学生间的讨论和教师交流互动，解决遗留的疑难问题。课堂上，教师放置好摄像机，对教学过程进行全程摄像。按照问题提出的类型，或按兴趣、伙伴朋友关系、基础和水平、性格等进行分组讨论和交流。针对探究活动，要创造性地设计好、组织好课堂探究和课堂讨论，引导学生在对话交流和合作中发展自我。对难以解决的问题，鉴于学生通过课前学习对学习内容有了一定掌握和理解，能够形成正确的思维，教师要辅以提示帮助，以便使学生更容易解决问题。待解决完学生课前所遇到的疑难问题后，按学生运动技术水平进行分组，实施分层教学，区别对待。同时，引导学生们积极展开思考，探寻错误动作产生的原因，让学生纠错的同时，理解错误动作产生的原因。另外，对运动技术掌握较好的同学，可以指导其尝试进行讲解示范，使学生在练习中，不但会做，而且会教，打破传统体育教学中只追求运动技能形成的单一模式。练习结束后，教师带领大家讨论在练习过程中遇到的问题和练习心得，总结课堂练习中存在的主要问题，为下次课的实践练习提供参考。

3. 课后反馈评估阶段。课堂结束后，教师将数码录像制成视频文件，然后上传到网络平台，提供给学生观看。针对课中练习时出现的错误动作，学生参与练习的态度、练习的效果等问题，进行总结评价，及时与学生进行沟通交流。同时，学生在课后还需学会写学习体会，根据课堂上对所学知识的理解和探讨进行总结，将自己在课堂上的讨论和练习过程中动作技术的掌握进行反思与评价。通过网络平台、QQ群或微信等创造协作学习的环境和空间，形成一个有效的师生教学活动的"闭环通路"。

（二）高校体育教学翻转课堂模式的应用及实践

基于高校体育教学翻转课堂模式的构建，将高校体育教学翻转课堂模式应用于运动项目技术动作的教学中。

实践对象：大学体育课程田径选项班96人；硕士研究生及以上学历的教师10

位人。实践内容包括：挺身式跳远的技术动作教学。实践整体设计：将田径专选班96人分成对照班和实验班各48人，实验班按照翻转课堂进行教学，对照班按照传统的教学模式进行。最后通过考核进行对比分析。

结果与分析：翻转课堂教学模式深受学生的喜爱，激发了学生的学习兴趣和积极性。调查中发现，有83.5%的学生喜欢翻转课堂模式；78.6%的同学认为翻转课堂能够激发学习兴趣和参与学习的积极性；70%的体育教师认为，通过翻转课堂教学，学生学习的兴趣和动机明显提高了。由此可以得出结论，翻转课堂可以有效的提高教学效率，激发学生学习的热情。

翻转课堂教学模式培养了学生自主学习、探究学习和合作学习的能力，有力推动了体育教师专业水平的提高。翻转课堂教学模式拓展了学生的学习空间和时间，加强了师生间、学生间的交流和互动。翻转课堂模式使学生学习时间、空间更自由了，随时随地都能够进行学习。翻转课堂提供了交流互动的平台，解决了同教师间的交流和互动，以前害羞面对面的直接交流，网络平台的交流互动不需要直接面对老师，害羞感没有了，自信心也增强了。因此，翻转课堂模式为师生间构建了一个协作融合的学习空间和环境。学生可以在学习知识的广度和深度上自由控制，从而加强了对理论知识的理解和掌握。

翻转课堂教学模式有效提高了学生的理论知识水平及实践能力，强化了理论知识和技能的融合与内化，有效提高了教学效果和教学质量。用合作式、探究式等学习方法，有效的强化了对理论知识的学习和掌握。因此，通过对比分析，实验班在理论知识、技术评定、达标考试以及综合评定方面均明显优于对照班。

高校体育教学翻转课堂模式的构建解决了传统体育教学模式中存在的问题。网络平台的构建，也拉进了师生间的关系，让师生在任何时段都能够得到有效的沟通和交流，以"环路"的方式始终贯穿于整个过程，形成了协作融合的学习环境。翻转课堂虽被誉为"影响课堂教学的重大技术变革"。翻转课堂模式中学习资源的制作、网络平台的交流互动、学生实践练习的"虚拟系统"等，每一个环节的构建都得需要教师业务能力的提升和学生的学习适应能力等软硬件条件作保证，只有多重并重，方可实现其在高校体育教学中的真正融入。

第七章　教育思想在高校体育教育中的应用

第一节　人文教育思想在高校体育教学中的应用

一、人文教育思想

培养优秀、合格的人才是现代人文教育的主要目的，也是现代教育的重要使命之一。人文素养是作为人本身最基本的修养，它主要体现在一个人对自己、社会和他人的认知行为当中。只有把人文理论教育和人文实践活动有机地结合起来，才能达到人文教育的目的。让学生亲近自然、善待自然是人文教育实现的有效途径。社会、学校、家庭应该为人文教育的开展创造更好的外部环境和氛围，尤其是学校。

（一）人文教育思想是未来发展方向

1. 人文教育思想是和谐社会发展的必然趋势。人文教育主张以人的和谐发展为目标，最终目的是通过教育促使人的尊严、人的本性、人的潜能得到最大程度的发挥。它批判现今主流教育的思想意识，建议发展人的天性、解放人的个性、激发人的潜能，最终促进学生全面综合发展新课改，重视对学生人文素养的教育，它主张学生自身的和谐发展。新课改明确指出，要使"学生具有强健的体魄和良好的心理素质，养成健康的审美情趣和生活方式"。新课改一改以往只关注学生身体健康的做法，还主张让学生富有兴趣地成长。当然，最重要的是它体现了当今社会特有的人文精神。

2. 人文思想在体育中的体现。纵观我国承办的2008年第29届奥运会，其主题是"绿色奥运、人文奥运、科技奥运"。"人文奥运"是奥林匹克精神的彰显，早期的奥林匹克运动的思想来自文艺复兴至启蒙运动时期的人本主义思想。现代奥林匹克运动的创始人顾拜旦早期创立奥林匹克运动的初衷就是使奥林匹克理想得到传播，以一种全新的视角去引导年轻人，使他们的身心得到和谐发展。

受奥林匹克运动的影响，学校体育也应该在健康的基础目标之上，把人的全面发展作为基本着眼点，对学生进行适时的人文关怀。从这点来看，体育与人文的内涵是一致的。这就要求学校体育教学的目的设定为培养德、智、体、美全面发展的新型人才。

3. 人文教育思想在传统体育教学工作中的缺失。我国早期的学校体育教学的主要目的是"增强体质"和"传授技能"。学校体育兼有身体属性和社会属性，在道德教育、修身养性等方面，有着特殊的意义和价值。学校体育必须改革自己的方针，响应人文教育的号召，摆脱传统技能教育的束缚，释放学生的天性和人文性。

4. 人文教育思想是"体育与健康"课程改革的核心理念。我国"体育与健康"课程改革的根本指导思想是"健康第一"，学生在学校的体育学习中能够通过各种学习、锻炼方式达到身体健康。"体育与健康"课程改革进行了价值本位的转移，即由学科为本位转向以人的发展为本位，学科教学以人的发展为本。

如今，我国正处在由应试教育向素质教育、由传统教学理念向新课改理念变革的时期，在这一变革的过程中，理念需要不断地与时俱进，人文精神需要融入其中。这向体育教师提出了新的要求，它要求教师对学生的实践能力和创新精神进行塑造，要求教师重视发展学生的个性，并注重对学生人文素养的培养。在新课改的要求下，"体育与健康"课程注重培养学生的人文主义精神。只有人文精神渗透于体育教育之中，才能实现教育观念的推陈出新、与时俱进，使教师更好地认知和理解新课改，并把新课改深入具体的体育教学实践中。

（二）人文思想在高校体育教学中的渗透

1. 树立富有"人文精神"的教学观念，设置新的教学目标。"终身体育""全民体育"的口号在我国相继提出。体育与健康教育，主张"健康第一"；素质教育，主张发展学生的创造力，培养学生的体育能力。因此，体育教师必须既抓眼前，又要兼顾长远，在增强学生体质之余，也大力发展学生的体育素养、体育习惯和体育能力。

2. 设置符合大学生兴趣，可使其终身参与的教学内容。在人文体育理念的影响下，高校体育教学内容必须与时俱进、推陈出新。经历九年义务教育和高中体育教育之后，大学生在技能与体能方面，水平往往较高，个性特征也比较鲜明。体育教学应该为学生提供更广阔的选择空间，帮助其拓宽视野，激发身上的体育因子，调动其参与体育运动的积极性，为其"终身教育"思想奠定基础。

3. 采用适宜的教学方法。适宜的教学方法，将会大大提高教学的效率。体育教师在一次次教学方法的尝试中，找到最适宜的那种方法，进而提高大学生体育锻炼的兴趣，培养大学生体育锻炼的情感，积累体育锻炼过程中的经验，使其体育价值观日趋成熟。长期以来，受苏联体育教学模式的影响，我国体育教学一成不变、枯燥乏味、模式单一。体育教师应广泛采用那些可以发挥学生主观能动性、发展学生身心、施展学生个性的教学模式，使得体育教学不仅仅只是传道、授业、解惑，还能够"寓教于乐"。因此，体育教学在促进学生社会化发展的进程中功不可没。就高校体育教育而言，它还是一种养成教育，通过对学生体育爱好的强化，逐步养成一种相对稳定的运动习惯，并通过长期的坚持，最终使之成为大学生健康的生活方式之一。

4. 体育教学从单一评价体系向复合型评价体系转移。体育教学评价若要体现人文精神，就必须做到：第一，不能为"评价"而评价。第二，评价的形式应该更客观。第三，评价的内容应全面，既包括学生的自我评价和相互之间的评价，又包括对学生自身技能的考核，还应包括对教师的评价。"以人为本"是现代教育的发展趋势，也是体育教学发展的必然结果，我们应该及时更新体育教育观念，进一步认识体育教育工作的内涵。在新型教学模式的创新以及教学评价体系的更新等方面积极探索，将人文主义精神真正渗透到具体的体育教学实践之中。

二、人文教育思想在篮球教学中的运用

（一）篮球基本技术教学中人文教育的体现

篮球基本技术是对篮球比赛中各种进攻与防守的专门动作、方法的总称。因此，在篮球基本技术教学中，教师首先要保证学生能够灵活掌握基本技术，其次是启发学生对各项基本技术重新进行排列组合，并应用到实际的比赛中。

1. 篮球基本技术教学中人文教育的主要内容。"从基础做起，从小事做起"的做事态度。篮球运动中的走、跑、跳、投等系列基本技术动作的训练比较枯燥乏味，教师要充分利用这一过程培养学生"从基础做起，从小事做起"的做事态度。创新意识和能力，无论是在个人战术还是在全队战术中，篮球基本技术的应用不是单一的、独立的。

篮球基本技术教学中人文教育的要求：（1）练习方法和手段的多样化。教师要利用有球和无球、有防守和无防守、个体和集体等形式上的变化来变换练习的方式，激发学生从事基本技术练习的兴趣。（2）评价要因人而异。基本技术的练习从内容上看是比较单一和枯燥的，特别是针对一些基础比较好的学生，这就要求教师在课堂上对学生的评价要有区别。

2. "中锋"技术教学中人文教育的体现。"中锋"主要活动区域是在离篮板5米以内的位置，而且往往站位在场上5名队员的中心。其是决定全队攻守转换速

度的关键人物,是影响和决定全队战术意志的核心,是场上身体能量和心理能量消耗最多的队员。下面就中锋技术教学和训练中人文教育的问题进行阐述。

首先,"中锋"技术教学中人文教育的主要内容。"中锋"的位置特点和"中锋"所特有的技术决定了它所处的是进攻和防守方竞争最激烈的区域。这对"中锋"队员不仅在技术上,同时在自信心和作风上也提出了更高的要求。其次,"中锋"技术教学中人文教育的要求。"中锋"技术练习中,教师要穿插一定量的身体练习,这不仅可以提高"中锋"队员的身体对抗能力,同时,还可以提高"中锋"队员在对抗当中的自信心和敢于拼搏的勇气。

3. 篮球基础配合教学中人文教育的体现。篮球基础配合指的是篮球赛场上两三名运动员之间组织的小规模的简单攻守配合方法,它为全队战术配合奠定基础。篮球基础配合教学中人文教育的主要内容:(1)团结协作的精神。比赛场上的基础配合需要队员与队员之间的默契和大力协作,因此,在教学和训练中,培养队员的团队协作精神尤为重要。(2)全局观念。基础配合是全队战术的基础。(3)创新意识。全队战术是由多个基础配合组合而成,队员熟悉掌握基础配合的目的,就是要将各种基础配合合理组合成全队的复杂战术。

篮球基础配合教学中人文教育的要求:(1)培养学生的集体意识。通过思想教育,使学生认识到个人利益与集体利益的关系,个人行为要符合战术配合的需求,强化个人服从集体的意识。教师应坚持配合的演练和实战的结合,同时,注重节奏的变化。

4. 快攻战术教学中人文教育的体现。快攻是果断地进行攻击,利用最短时间创造人数、时间和空间优势的一种进攻战术。它对培养篮球运动员积极主动、勇猛顽强的作风,提高身体素质水平,形成迅速、全面、灵活、准确的技术等都起着重要的促进作用。快攻战术教学中人文教育的主要内容:快攻技战术的特点决定了其在比赛和训练中对培养运动员的意志品质、协作意识、顽强拼搏的精神等方面具有独特的作用。

在要求方面:(1)快攻的理论讲授有利于增强学生的协作意识和奉献精神。(2)快攻的战术教学。快攻的战术教学要按照发动与接应、推进、结束三个阶段来分解教学,使学生明确不同位置所应承担的使命和任务。

5. 全队战术中人文教育的体现。篮球比赛中的全队战术是指在正常比赛的篮球战术活动中,全体队员共同遵守的战术行为准则,它能体现出全队的实力和风格。全队战术还要求队员之间在比赛过程中要团结协作、互相配合,及时灵活地根据赛场的变化而变换对策,充分展示出团队战术配合的针对性、组织性和实效性。

全队战术教学中人文教育的主要内容:与个人战术和区域战术不同的是,全队战术要求全场队员都要参与其中，这要求全队上下不仅要有心力、物力，同时还要具有外力。对全队战术教学中学生人文教育的培养就有利于这种外力的生成。全队战术中人文教育的要求：（1）优化全局意识的思想教育。青少年的表现欲比较强烈，特别是在比赛中，喜欢单打独斗，缺乏配合意识。（2）发挥积极评价的导向作用。在全队战术配合的演练以及比赛过程中，教师对合理的，甚至是不合理的全队配合都要给予积极的评价。

6.身体训练教学中人文教育的体现：身体训练，又称体能训练，是指在训练过程中教师运用各种练习有效地影响运动员身体形态、提高有机体技能和运动素质的特殊训练，是对运动员的走、跑、跳、投等基本能力的极限的一次次超越。这就决定了体能训练的功能不仅仅是提高学生的体力和综合运动能力，同时也能够加强对学生的顽强拼搏、吃苦耐劳、勇于挑战的人文精神的培养。

身体训练中人文教育的主要内容：身体训练不仅有提高运动员的走、跑、跳、投的基本能力的作用，还能够改变其身体形态。身体训练中人文教育的要求：（1）强化训练育人的意识。人文教育最重要的教育形式应当是隐性的、潜移默化的。要在体能训练过程中将人文教育贯穿其中。（2）强化环境育人的意识。营造舒适安全的自然环境和和谐的人文环境是训练质量和有效进行人文教育的重要保障。和谐的人文环境是指在训练过程中师生之间、生生之间要相互保护，相互鼓励，以使学生在训练中保持积极、乐观的心理状态，增强人文关怀。（3）坚持一般体能训练与专项体能训练相结合。在合理安排一般体能训练的同时要合理安排专项训练，任何专项体能训练对身体都有特殊的要求，一般体能训练并不能代替专项体能训练。（4）强化思想政治教育。体能训练的一些方法往往比较枯燥，因此，在训练中加强学生的思想政治教育，可提高他们对身体训练的重要性的认识。在身体训练过程中要尽量将人文教育融入身体素质训练中，使学生的情感在隐性的教学形式中得到潜移默化的熏陶和影响，从而达到培育其人文精神的目的。

第二节　科学教育思想在高校体育教学中的应用

一、科学发展观下高校体育教学

（一）科学发展观体育教学新发展

以科学发展观为指导，顺应时代发展的潮流是高校体育教学发展的必然趋势，体育教学只有顺应这个趋势，才能实现可持续发展。

1.学校体育教学应重视培养学生的自身能动性。激发学生的体育兴趣：在学校体育教学中，如果体育教师能够充分尊重学生的体育兴趣、满足学生的体育需要,将为学生终身的体育学习打下坚实的基础。因此,体育教学应激发学生学习体育的热情和兴趣。使学生在掌握体育与健康的基本知识和运动技能的同时,学习体育的基本方法。培养学生的自觉能动性,西方著名学者杰弗里斯曾说过:"知识的奇特就在于:谁真正渴求它,谁就能够得到它。"只有学生才是学习和发展的主体,只有把学生培养成为教学活动的主人,使其积极主动地学习,才能提高学习效率。

教师的体育活动设计科学化:教师对学生参与活动的先行设计,在一定程度上决定了学生能否积极、主动地参与体育教学过程。基于此种情况,体育教师应抓住这一契机,让学生在繁重的文化课后卸下包袱,释放自己,轻装上阵。通过以上这些措施,学生就会切实地感受到运动的乐趣和价值,从而更加主动地参与体育运动锻炼,并把体育运动锻炼发展为自己的终身爱好。

2. 有效实施"阳光体育"。教育部和国家体育总局于2006年12月20日下发了《关于开展全国亿万学生阳光体育运动的通知》,正式提出"阳光体育"的总体目标。在内容决定形式的前提条件下,"校园阳光体育"的活动形式选择,应根据不同的活动内容和目标任务,紧密结合诸如早操、下午体育活动、运动会、高校联赛等。终身体育是学生步入社会后所面临的一个贯穿一生的自发、自主的教育过程。值得一提的是,终身体育锻炼的内容、形式、时间和地点等方面都具有自发、自主的特点。体育教学中应注重学生兴趣和自觉锻炼的意识培养,最终达到人的全面发展的终极目标。

(二) 高校网球运动科学示例

1. 高校网球运动教学工作的科学概念。网球教学的原则是网球教学过程中客观规律的反映,是网球教学实践中成功经验的总结和概括,它对网球的教学工作具有普遍的指导意义。网球运动的教学工作指导学生掌握网球的理论知识和技术技能,增强体质,培养良好道德和意志品质的教育过程。包括以下三个方面的任务:第一,帮助学生初步掌握网球运动的基本理论知识、基本技术战术和基本技能。第二,提高学生身体素质、增强学生体质。经常参加网球运动可以改善人的中枢神经系统机能,发展速度、灵敏、耐力和力量等素质。第三,培养良好的思想道德和意志品质。如果教育得当,能使学生的意志品质得到有效的培养。因此,教师应通过教学,培养学生勇敢顽强、吃苦耐劳、坚持不懈、克服困难的思想作风;培养学生团结友爱、集体主义和爱国主义精神;培养学生机智灵活、沉着果断、谦虚谨慎等意志品质,使学生保持积极健康向上的个性心理品质。

在实际教学工作中,学生必然会遇到这样或那样的困难,在克服这些困难的过程中,学生将逐步形成自觉锻炼、坚强果断的意志品质。总之,为了使学生能成为真正符合培养目标的人才,保证网球教学工作的顺利进行,思想教育工作是不容忽视的。提高学生身体素质、增强学生体质需要有一定的方法，而掌握网球的技术、技能离不开必要的身体素质。因此，在强调它们之间的联系时，应防止互相代替；在强调它们的区别时，又要防止绝对化。

2. 高校网球教学工作需要坚守的科学原则。培养和提高学生的自觉积极性：在网球教学中要启发学生明确学习目的，调动学习主动性，培养独立思考能力和创造精神，引导学生融会贯通地理解和掌握教学内容，并在实践中加以运用。学生完成学习目标固然是在教师的教导下达到的，但是，教好只是学好的条件，不可能代替学生学好。学生的这种努力来自对学习意义的认识和由此产生的学习兴趣、学习愿望以及正确的学习目的。因此，启发、提高和充分发挥学生学习的自觉积极性是教师教好的重要工作之一，应把它体现在教学工作的各个方面。

发展学生的自觉积极性应注意以下几点：第一，提高学生对学习目的性的认识，端正学习态度。学生的学习行为也是这样。教学中要注意揭示网球的社会意义及与学生自身的发展、完善之间的关系，使其明白学习网球并从事网球锻炼既是自身的需要也是社会发展的需要，将这二者有机地联系起来。这方面的教育可结合每学期开学时动员学习的教育、对具体教学内容的学习意义的教育。第二，确定学生应达到的教学要求。一般来说，网球教学中提出这些要求都是必要的，但过高、过低或过多的教学要求，会影响学生学、练的积极性，因此，所提出的要求应是完成教学任务必不可少的。第三，激发学生学、练的愿望和兴趣。学生的心理特点决定了他们兴趣的广泛性和不稳定性，也决定了他们对网球运动的特有兴趣。第四，合理组织教学活动。教学组织松散，会导致纪律涣散，注意力不集中。课课雷同的教学活动也易使学生生厌。同时，还应使教学过程张弛有度、各有侧重，既严肃紧张又生动活泼。

教学活动的直观性：直观性是指在网球教学中利用学生的感觉器官和已有经验，获得生动的表象，并结合积极思维和反复练习。在网球教学工作中，尽量利用学生的各种器官感知动作形象，使其形成清晰的表象，以达到初步掌握网球理论、技术和战术的目的。任何知识的来源都在于人的感官对客观外界的感觉。因此，网球教学中首先应引导学生通过感觉器官生动地感知教材，建立正确的动作形象和概念。运用教学活动的直观性应注意以下几点：第一，明确直观目的，正确运用直观教学方式。应根据完成教学任务的需要、教材的性质和动作技能形成的不同阶段，有区别、有针对性地加以运用，并根据需要选用各种有效的直观教学方式。同时要选择好运用直观教学方式的位置，把握好使用的适宜时机，这就要求教师在课前做好充分的准备。第二，广泛运用各种直观教学方式。在网球的技术教学中，开始时视觉往往是主要的，听觉是次要的；而概念一经形成，进入通过反复练习达到掌握动作的阶段。第三，联系学生经验，运用语言直观。当教师语言的运用与学生已有的经验联系在一起时，语言就具有作为直观教学方式的显著作用。

网球教学的设计要适合学生身心发展的特点和规律，为学生所能接受，这样才能较好地促进学生身心的协调发展，较好地完成网球教学任务。教学中从实际出发应注意以下几点：第一，全面了解有关网球教学的情况。教学中须了解的有关情况很多，归纳起来主要是学生身体健康状况，体能发展水平，网球运动基础，接受能力，对网球的认识、兴趣、爱好，思想、品德、意志、纪律、作风，以及学习、生活情况，教学的场地、器材、环境和季节气候等。了解情况时，既要了解一般的情况，也要了解个别的和特殊的情况，要实事求是、一丝不苟，忌带主观片面性。第二，一般要求与区别对待相结合。也应看到学生的个体差异是客观存在的，特别是在身体机能、基础、个性特点等方面更是如此。为此，必须在一般要求的基础上进行区别对待。区别对待是指对有显著差异情况的学生提出不同要求。一般要求与区别对待应体现在课程的任务、内容、运动负荷和组织教法等各个方面。又如，对多数学生安排中等水平的运动负荷，对少数体能较强或较差的学生则分别安排较大或较小的运动负荷，或者在练习的重复次数、强度和间歇时间上加以区别对待。

教学中应注意科学总结：在网球教学训练工作中，学生对理论知识和技术技能的掌握以及品德作风的培养，都要及时得到巩固，并在此基础上不断提高。学生能否牢固地掌握并提高已学到的理论知识、技术、技能并在实践中运用，是衡量教学效果的重要标志之一。从条件反射的建立和消退规律看，动作技术是在不断重复学、练的条件下才得以巩固并形成动力定型的。因此，在教学中遵循条件反射的建立与消退规律的要求，对取得良好的教学效果有重要意义。一定的运动负荷作用于身体，获得相应的身体锻炼效果。因此，为了不断发展体能，既要以适量运动负荷反复作用于身体，使发展体能的效果得到不断的积累和巩固，又要在可接受的限度内逐步增大运动负荷，从而使体质得到逐步的增强。教学中运用巩固和提高原则应注意以下几点：第一，使学生的认识正确、清晰，注重理解。理解不仅使认识正确、深入，并且可使学习效果的巩固更为持久。第二，坚持反复练习和经常复习。学生反复练习动作不仅能加深对动作技术的理解和巩固，而且对动作技术的改进、提高也有重要的意义。在反复练习中应逐步提高要求，不断完善动作技术。反复不是简单的机械重复。第三，采用各种方法，不断重复，达到巩固提高的目的。第四，加强学生对巩固、提高教学效果的认识。

3. 常用的网球科学教学方法介绍。教学方法是指在教学过程中完成教学任务的途径和手段。教学方法也是教师的工作方式，也就是说，教师在课堂中使用的教学方法无不体现和渗透教师的经验、知识、技能、口才以及道德风尚等方面的水平。总之，教师要根据项目特点、教学对象的特点以及场地设备条件等诸多因素，经常对教法进行总结和思考，以适应教学的需要。在实施和运用教法时，要注意贯彻循序渐进、个别对待、从实际出发的教学原则。网球运动是一项技术性强、动作细腻的项目，手臂、躯干稍有不规范的动作都会影响正确技术的形成。

直观教学法：在教学中，借助视觉、听觉、肌肉本体感觉等感觉器官来感知动作是一种经常运用的教学方法，它有助于学生了解动作形象、结构、完成方法以及时间和空间的关系。示范要求：进行动作或其他内容的示范，也包括电视录像的播放都要做到：第一，目的明确。第二，注意示范的位置和方向。根据网球运动的技术特点和教学重点及要求，教师在做示范动作时一定要考虑到让学生从任何角度都能看清楚。第三，示范动作要规范。教师的示范动作力求做到准确、熟练、轻快、优美。

语言提示法：正确生动地运用语言，在教学中有着重要作用，也是在每个教学环节中不可缺少、不能替代的重要方法。在网球教学中常用的语言提示法有讲解法、口令和指示法、口头评定法。（1）讲解法。讲解法是网球教学工作中运用语言提示法的最普遍的形式。讲解法在理论教学、思想教育和技术教学中都起着重要的作用。具体运用时，应注意以下几点：第一，目的明确、有的放矢。在理论课或专项技术教学时，讲解可以详尽；但在练习课或训练课上，讲解应尽量少一些。第二，内容正确、阐述清晰。语言是人们交流和表达的主要工具，要使语言作用发挥得恰到好处。词不达意，往往会引起学生的误会，致使学生形成错误的概念。其实，用语言来叙述和描绘技术动作并不轻松，因为肌肉的感觉是很难用语言表达清楚的，因此，从这个角度来讲，教师应该在教学语言上多做下些功夫。因此，体育教师在进行理论课教学时，可以把重点或提纲提前准备好，以方便后面的教学。第三，讲解前要充分准备，语言简明扼要，重点突出，层次分明，口齿清楚，语气稳重而亲切，表达生动、幽默。这也客观地对教师提出了更高的要求。

口令和指示法：这是在教学中教师用语言命令进行体育教学的一种方式。教师发出的口令和指示要具有权威性，不容学生稍有迟疑和懈怠。口头评定法：在网球课教学中，学生困惑烦躁的时候，教师对其进行及时的肯定、适时的鼓舞，能够帮助学生恢复自信，这就是所谓的口头评定法。

指标训练法：训练一般都是以时间为界限的，指标训练法是以完成规定指标为界限的。具体方法如下：（1）双方共同完成指标法。需双方共同努力来完成指标的练习。（2）单方完成指标法。要求一方完成规定指标的练习。指标训练法的作用：及时得到定量的反馈，刺激性强，利于调动运动员训练的积极性。

二、高校体育教学活动的科学化保障

（一）"极点"和"第二次呼吸"

在剧烈运动时，特别是中长跑时，人体会产生胸闷、呼吸急促、动作迟缓而不协调甚至恶心等现象，这在运动生理学上称为"极点"。调节呼吸后动作将变得协调有力，呼吸均匀自如，一切不良感觉消失，身体恢复正常，此种现象，运动生理学称之为"第二次呼吸"。

1. 原因。产生"极点"的主要原因是人体各器官系统都有生理惰性，而内脏器官惰性大于运动器官，从事剧烈运动时，运动器官能很快达到最高机能水平，而内脏器官跟不上运动器官的需要，造成机体缺氧和酸性代谢产物的堆积。"极点"出现后，如果坚持继续运动，内脏器官惰性将逐渐被克服，改善氧的供应，加上"极点"出现后运动速度减慢，使运动器官和内脏器官的功能关系基本协调，生理过程出现新的平衡，故出现了"第二次呼吸"。

2. 处置与预防。"极点"和"第二次呼吸"是长跑运动中常见的生理现象，无须疑惑和恐惧。只要坚持经常锻炼，剧烈运动前做好准备活动，运动中适当增加呼吸深度，稳定情绪，"极点"现象是可以延缓和减轻的，甚至可以不出现。

（二）肌肉痉挛

肌肉进行不自主地强直性收缩，变得坚硬、疼痛，俗称"抽筋"。

1. 原因。在寒冷环境中运动，肌肉受到寒冷刺激易引起肌肉痉挛，这常在游泳或冬季户外锻炼时发生。从事长时间大强度运动，特别是在夏季从事长时间大强度运动时，由于大量排汗，也能使人体内水盐代谢失调而引起痉挛。

2. 症状。局部肌肉剧烈挛缩发硬，疼痛难忍，而且一时不易缓解。

3. 处置。遇到肌肉痉挛要沉着、冷静。

4. 预防。首先应加强运动锻炼，提高身体对寒冷的适应能力；运动前做好准备活动，对容易发生痉挛的部位，事先应适当按；夏季进行长时间运动时，应适当补充盐分；在水中停留时间不宜过长；疲劳和饥饿时，不要进行剧烈运动。

（三）运动中腹痛

这是指在运动过程中或运动结束后，由于运动锻炼而引起或诱发的腹部疼痛，它常发生在长跑、马拉松跑等耐力性运动项目中。

1. 原因。主要原因是运动前人们的准备活动不充分，开始时运动过于剧烈，内脏器官功能尚未达到竞赛状态，致使脏腑功能失调，引起腹痛；也有的腹部受凉，引起胃肠痉挛；少数人因运动时间过长或过于剧烈，使下腔静脉压力上升，引起血液回流受阻，致使两肋部胀痛；慢性阑尾炎、溃疡病等患者在进行剧烈运动时，病变部位受到震动、牵扯等刺激也可引起腹痛。

2. 症状。腹痛的部位主要依发病原因而定，由肝脾疲血引起的腹痛，肝痛在右季肋部，脾痛在左季肋部，疼痛性质为胀痛或牵扯性痛；肠痉挛、肠结核引起的腹痛在腹腔中部；食后运动疼痛常发生在上腹部或中腹部。

3. 处置。人们在运动中发生腹痛时，如果没有器质性病变的迹象，一般可采用减慢跑步速度和降低负荷强度，加深呼吸，按压痛部或弯腰跑一段距离等方法处理，疼痛常可减轻或消失。

4. 预防。膳食安排要合理，饭后须经过一定时间以后（约1.5小时）才可以进行剧烈运动，运动前不宜过饱或过饥，也不要饮用过多的汤水；夏季运动后要适当补充盐分；对于各种慢性疾病引起的腹痛应就医检查，病愈之前，应在医生和教师指导下进行运动。

（四）运动性肌肉酸痛

参加运动锻炼的人，特别是刚开始参加锻炼的人，在运动之后往往感到肌肉有酸痛感觉，这在运动医学中叫作运动性肌肉酸痛。

1. 原因。近代运动生理学的研究表明，运动后肌肉酸痛是运动时肌肉活动量大，引起局部肌纤维及结缔组织的细微损伤，以及部分肌纤维的痉挛所致。

2. 症状。由于这种酸痛现象只是局部肌纤维损伤和痉挛，不影响整块肌肉的运动功能，但存在酸痛、发胀、发硬等感觉，所以，酸痛后经过肌肉内部对细微损伤的修复，肌肉组织会变得更加强壮。

3. 处置。运动性肌肉酸痛是经常发生的，当已经出现运动性肌肉酸痛后，采取以下方法有助于酸痛的减轻或缓解：(1) 静力牵拉法。可对酸痛局部进行静力牵拉练习，即将肌肉先慢慢拉长，然后在拉长位置保持2-3秒静止状态。注意做时不可用力过猛，以免牵拉时再使肌纤维损伤。(2) 按摩。运动后有条件应进行按摩，使肌肉放松，促进血液循环。(3) 热敷。对酸痛的局部肌肉进行热敷，可促进血液循环及代谢过程，有助于损伤组织的修复及痉挛的缓解。(4) 针灸和电疗。对酸痛的局部肌肉进行针灸和电疗，可起良好的效果。

4. 预防。人们在运动前，应充分做好准备活动，并注意对即将练习时负荷重的局部肌肉进行活动；尽量避免局部肌肉负担过重；运动结束后，也要做好相应的整理活动，应重视肌肉的伸展性练习等等。

第三节 "寓乐于体"教育思想在高校体育教学中的应用

一、"寓乐于体"教育思想的意义

(一)"寓乐于体"教育思想提出的背景

1. "新课程标准"改革的必然要求。为了响应"新课程标准"改革的号召,体育教师要不断更新教学理念。在教学实施的过程中,体育教师要以学生的需求为根本出发点,抓住一切教学契机,激发学生主动学习体育课程的热情。教师也应充分挖掘自身潜能,真正做到教学相长。在组织教学时,教师要充当导演和演员的角色,积极引导学生效仿,形成教师与学生、学生与学生之间的多向交流,使学生能够积极主动地参与体育运动的全过程,帮助学生实现身体的全方位发展。体育教师应充分尊重学生主动学习、探究学习的主体地位,只有这样学生才能获得全面的发展。

2. "乐学"成为主旋律。"新课程标准"把"激发学生运动兴趣,培养学生终身体育的意识"作为体育教学的基本理念之一。实践研究表明,从教学目标的可及性、教学活动的主体性、教学评价的激励性和教学管理的艺术性四个方面着手,可以有效地调动学生学习的积极性,提高学生的学习效率,激发学生的潜能。

教学目标的可及性:简而言之,就是针对各位学生的身体素质,结合体育项目的运动特点,设置一些学生通过努力就能够达成的目标。最终的目的是让所有的学生都能实现教学目标,并获得自信和提高体育兴趣。事实表明,如果我们设置的体育目标能让学生通过努力便可达及,那将极大地激发学生学习体育的积极性,并为他们带来自信的体验,进而也调动他们学习体育的热情和主动性。

教学活动的主体性:尊重学生的主体地位是实现教师主导地位的前提,也是实现学生乐学的必要保障。在教学过程中,要充分尊重学生的主体地位,提高学生的学习兴趣,调动学生的参与意识,从而提高教学效率。

教学评价的激励性:教学评价的最终目的是为学生正确认知自己提供一个科学的评判标准,让学生能够深知自身存在的优势和不足,进而不断地提升自己,最终促进教学目标的实现。因而,我们应该充分发挥体育教学评价的激励作用。

教学管理的艺术性:高尔基说:"爱孩子,这是母鸡也会的事。"克鲁普斯卡娅说:"光爱还是不够的,必须善于爱。"体育课堂的机动灵活和随意性决定了体育教学课堂上的矛盾冲突的必然性。这就需要体育教师艺术化地管理体育教学。良好的教学氛围可以引发学生愉悦的心情和浓厚的兴趣,激发学习热情,促进身心健康和谐发展。

3. 学生人本回归的有效途径。体育运动是一种以肢体的形式玩味着某种精神自由的"游戏"。只有当运动者和观赏者认真、严肃地投入这种"游戏",与其融合为一体时,体育运动才得以展示自身的存在,运动者才进入本真的游戏状态。我们不能不得出这样的结论:处于最初阶段的文明乃是被游戏出来的。游戏所带来的愉悦、自由、公正、体验、和谐,让游戏充满了魅力。

第一,愉悦。愉悦是游戏的初衷。霍兹曼认为:"人们喜欢游戏主要的原因是它的精神色彩和浪漫主义。"由此可见,游戏能够让人获得生理和心理上的快感,让人在最轻松、最自由的状态下最大范围地释放自己。第二,自由。游戏与自由是密不可分的,二者缺一不可。康德在论证艺术和游戏的关系时认为,艺术的精髓在于自由,而自由也是游戏的灵魂;正是自由,使艺术与游戏连在了一起。我们把前者看作它只能作为游戏,即一种本身就使人很快适应的事情而得出合乎目的的结果。所以,他认为游戏是"活动的自由和生命力的通畅"。在中国,庄子在《逍遥游》里,用极富散文色彩的笔调,阐明了他自由的哲学思想。"逍遥"就是指"逍遥于天地之间而心意自得"。常人达不到"逍遥游",因为人有所依赖,有所追求,把功名利禄看得太重。庄子"逍遥游"的思想,对中国的游戏观影响很大。

第三,规则。当然,尽管游戏是倡导自由的,但是世间万事万物的自由都是在一定范围内的,没有随心所欲的自由存在。因为只有规则,才能确保游戏的顺利进行。它把一种暂时而有限的完美带入不完善的世界和混乱的生活。维特根斯坦同样认为:"游戏是由规则来规定的",他对规则非常重视,他认为,语言里唯一和自然必然性关联的东西是一种任意的规则。游戏的规则主要有内隐和外显两种。内隐的规则主要是指隐含在游戏外表之下的规则,它主要是指那些必须要服从的游戏需要。学习者被告知规则,练习应用这个规则。或者规则既不用于教人,也不用于游戏自身,而且也不列在一张规则表上。但我们说,这个游戏是按照某些规则进行的,因为旁观者能够从实际进行着的游戏看出这些规则,就像游戏所服从的一项自然法则。外显的规则,顾名思义,就是表面上大家都看得到和必须遵守的那些规则。当然,自由和规则在游戏中并不矛盾。从某种意义上说,这种外显的规则是易变的,它可以随游戏活动的需要而修订和改正,使游戏规则处于不断的生成过程之中。

第四,体验。有参与者参与的游戏才是真正的游戏,游戏的最终目的就是参与者通过游戏体验获得游戏快感。游戏时,游戏者尽情地遨游在游戏的世界之中。美国心理学家西克森特米赫利的观点与美国人本主义心理学家马斯洛的"高峰体验"有惊人的一致。一切的一切都远远地遁去了,全身充溢着转瞬即逝的极度强烈的幸福感,甚至是欣喜若狂、如痴如醉、欢乐至极的感觉。

第五，和谐。游戏活动是人的生理、心理、社会性等要素投入其中的活动。总之，游戏是生命的一种存在状态，是身心达到无拘无束的一种自由状态。没有了外在的功利追求，为游戏而游戏，体验到的只是游戏之趣。游戏心境也是对自身的一种超越。

（二）"寓乐于体"教育思想意义

1. 体育游戏与身体健康。身体的健康包括人体各部位或器官的发育与功能的完善，它包含着身体的形态、功能以及智力等方面的健康。简言之，即具有健康、优美的体形。智力是指人对客观世界的感知，对信息的获取、整理和加工，在感知的基础上进行记忆、思维和想像等。肌体健康是构建人的发展的物质条件，而智力健康则是构建人的发展的精神条件。体育游戏与其他体育活动一样，是以身体运动的形式进行的，活动的内容与形式是经过预先设计的，因而它同样具有其他体育活动所具有的健身作用。为了体验有趣的游戏过程，人们参加体育游戏一般都是一种自觉自愿的行为。

体育游戏与身体形态和功能的发展：体育游戏的内容丰富多彩，形式多样，可以通过多种手段促进青少年的生长发育，培养其正确的身体姿态，发展其基本活动能力，提高身体素质，促进身体的全面发展。（1）体育游戏与身体形态的健康。良好的身体形态不仅是身体发育完善的标志，而且还能给人以美感。例如，"能看到多高""金鸡独立""膝顶下巴""背后握手"等站姿游戏；以及"小摇车"等卧姿游戏，都可以通过拉伸身体的肌肉、韧带，提高身体的柔韧性和平衡能力。（2）体育游戏与身体功能的健康。人的基本活动能力包括走、跑、跳、投、攀登、搬运等。少儿时期是人的基本活动能力发展的黄金阶段，而在这一阶段，少儿表现出的特点是年龄小，自制力与理解力差，参加活动多凭兴趣。孩子们在兴趣的指引下，主动积极参加各种有益的游戏，在愉悦的氛围中提高了身体的机能。

学校中的体育游戏常与田径、体操、球类等项目密切配合，经常利用各种运动项目中学生比较熟悉并基本掌握的技术动作来编排游戏。一方面，能大大扩充体育游戏的容量，使游戏的内容更加丰富多彩；另一方面，能在游戏过程中检验学生各种基本运动技术的掌握情况。可见，体育游戏为运动技术的逐步完善、运动能力的健康发展提供了一条切实可行、科学有效的途径。

体育游戏与启发智慧：体育游戏不仅能够完善人的身体形态机能，提高人的基本活动能力，同时也在人的智力发展方面发挥着巨大作用。6岁儿童大脑的重量就已经达到成人的90%。人的脑部两岁时形成有关个性的部分；6岁时，铺成思考的基本路线；10岁时，可略见将来的精神成长。可见，人的智力除遗传因素外，主要是由后天教育（特别是早期教育）决定的。体育游戏对人的早期智力的健康发展有着积极的促进作用。例如，提高模仿力的"小兔跳"，提高协调力的"渡臀""膝步走",提高身体平衡能力的"围圈跑",提高灵巧性的"向后绕足走"等。正如高尔基所说:"游戏是儿童认识世界的途径。"实际上,为数不少的体育游戏或多或少的具有智力考验的因素。此外,体育游戏通常是以对抗、竞赛的形式来进行的。研究个人或团队如何在规则允许的范围内采用最佳实施方案,选择最有效的动作战胜对手,从而完成游戏。体育游戏的条件和环境多变,内容复杂,它能够改善人敏捷、迅速的判断力并增强记忆力。

2. 体育游戏与健康心理的形成。体育游戏有助于消除或减缓不良的学习情绪。人的情绪状态是衡量其心理健康的重要指标。"趣味性"是体育游戏最基本的特征。即使像"老鹰抓小鸡""打鸭子""两人三足"这样的传统游戏,也常常让人乐此不疲。除此之外,在游戏中获得的胜利,还会使人产生自豪感,增强自尊心与自信心,并在精神上获得一种自我价值得以实现的满足。因此,参加体育游戏可以使人从烦恼和痛苦中解脱出来,并产生成就感和愉快的体验。

体育游戏有利于确立自我概念。自我概念是个体主观上对自己的身体、思想和情感等的整体评价,它是由许多自我认识所组成的。首先,青少年注重自己的外形、姿态。对于身体形态不佳的青少年而言,对自己身体表象的认识,常会伴随不满意、失望甚至自卑等心理体验,以致影响其自我概念的确立。其次,每个人都乐于自己的能力得到表现,让别人了解自己的长处,从而得到别人的赞扬、尊重。摆脱了平时工作学习中的压力与烦恼,在体育游戏紧张而愉快的竞争情境中,人能很自然地表现自己的体力、技能与智慧。体育游戏能培养坚韧的意志品质。意志品质是指人的果断性、柔韧性、自制力以及勇敢顽强和自主独立等精神。体育游戏环境条件丰富多变,组织形式繁多,特别是一些战胜障碍的游戏,都要求参与者在活动中不断克服各种客观和主观困难,并在克服困难过程中培养良好的意志品质。在趣味十足的游戏内容的吸引下,在夺取胜利的愿望的驱使下,以及在同伴的支持与鼓励下,一个人更能克服无论是来自外界环境还是来自个人内心的困难与障碍,更容易塑造坚韧的意志品质。

体育游戏有助于人际交往和沟通。在体育游戏中,一方面学生们通过互相接触、合作和竞争等,个体与个体之间,个体与集体之间,集体与集体之间交流更广泛、更频繁,学生之间可以做到相互包容、尊重信任、团结友爱、鼓励扶持,构建良性的人际关系。体育游戏有助于学生探索精神与创造性的培养。体育游戏为学生的自由探索提供平台,有利于学生探索精神的深层次挖掘,激发创造热情。这也正是体育教学中特别珍贵的因素,有利于为未来社会的发展培养需要的栋梁之材。现代社会对现代教育提出更新的要求,它鼓励开发学生的创造性和探索精神。学会学习、生存的核心内容之一是学会发现,学会创造。大量的实验研究表明,游戏有助于培养学生的创造性和探索精神。

3. 体育游戏对个体社会化的积极作用。体育游戏可以规范道德行为方式，促进价值观内化，培养竞争合作意识。游戏规则绝不是游戏制定者随心所欲而定的，它一定是建立在公正和道德判断的基础之上的，它需要符合大多数民族公认的伦理标准和共性特征。游戏规则的制定有助于学生良好行为规范的形成。由此可见，学生对体育游戏规则的遵守与秉承，在一定程度上可以影响其现实生活中的行为规范，因此，我们要注重发挥体育游戏塑造和培养道德行为的价值。

体育游戏可以满足合群需求，促进人际交往，完善个性特征。体育游戏主要以群体性活动为主。学生参加体育游戏活动，增进沟通和了解，不仅可以扩大交友范围，增进学生之间的感情，还有助于拓宽自己的视野，从别的游戏者身上发现另外一个世界。同时，他们比较自然地了解并逐渐形成了尊重、理解、谦让、协商、竞争、合作、共处、信任、宽容、忍让、荣誉、责任、和谐、公平、公正、自尊、自重、自信、自强等优秀品质和健康的个性特征。体育游戏可以促进社会角色的体验，形成自我意识，培养社会化品质。在体育游戏活动过程之中，游戏参与者中的每一个人都扮演着一定的角色，这些角色虽然看似很虚幻，其实，有的时候也是对现实生活中某些角色的模拟。社会角色是完成社会活动必要的社会形式和个人的行为方式，通过游戏群体活动中不同角色的扮演，青少年儿童懂得了社会角色是与人们的某种社会地位、身份相一致的一系列权利、义务、职责的规范与行为模式。同时，他们的社会适应性和个性品质在此过程中也可以得到高度发展。

4. 体育游戏的艺术价值。艺术产生于游戏。体育游戏是游戏的一种重要的表现内容。体育游戏像艺术一样，把所欣赏的意象加以客观化，使它成为具体的情境。体育游戏像艺术一样，带有移情作用，把死板的物质看成活跃的生灵。尽管当时的真实世界并不乐观，但是游戏时候的忘我精神，使得每个玩游戏的人仿佛都看见了天堂。游戏带给我们的不仅仅只是物质享受，还有实实在在的精神享受。体育游戏像艺术一样，是用现实世界之外的另一个理想世界来安慰情感。疾病、老朽之所以被人厌恶，其最大的原因就是它限制了人们动的自由。但是，人们不能接受这一痛苦的事实，非要在有限的活动里创造无限的可能，于是体育游戏诞生了。所以，体育游戏在人们闲散时需求最大，从这个意义上讲，它确实是一种"消遣"，是一种艺术化了的活动。

二、运用"寓乐于体"教育思想的分析

（一）青年的生理、心理特点与体育游戏教学

17岁至25岁这个年龄段正是人的青年时期，生理机能均已接近或达到成人水平。骨膜中的成骨细胞不断增生，使骨骼增粗。20岁至25岁骨化完成，身高不再

增长。这一时期由于骨头的纵向生长速度减慢，所以肌肉开始横向发展，肌纤维增粗，肌肉横断面增大，肌收缩的有效成分增加，肌力大幅度提高。青年期心脏重量和容积基本达到了成年人的水平。在承受较大负荷的运动时，不会对心肌及心血管系统产生不良的影响。呼吸肌的肌力明显增强，呼吸深度增加，呼吸频率减慢，植物性神经发育完善，肺活量增大。青年期的身体素质基本处在缓慢增长和稳定阶段，一些身体指数可达到一生中的最高水平。

在体育游戏教学中，应采用有一定难度、竞争性较强的游戏，加大学生的运动负荷，提高他们心血管系统的功能。可适当增加静力性及力量性练习，使有氧活动与无氧活动交替进行，全面发展运动能力。青年阶段的记忆力为人一生的关键时期，抽象逻辑思维获得较大发展，思维的独立性、批判性、敏捷性和深刻性都进一步增强。造成情感不稳定的原因主要有两点，一方面是由于认识的片面性；另一方面是由于内部需要的突然改变。因此，体育教师在进行体育游戏教学中，要广泛运用开动脑筋、复杂多变的游戏，以力量性和耐力性游戏为主，全面提高学生的综合身体素质。

（二）体育游戏在室外教学中的运用

1. 提升力量素质类游戏。拉杠比劲：教学目的是为提高学生的力量素质。练习准备：教师准备体操棒若干根。练习方法：教师将练习者分成人数相等的两队，以中线为界分别站在限制线后。教师发令后，各自用力向后拉，设法将对方拉起。将对方拉起者得1分，回到原位。依此类推，最后以累积分多的队为胜。教学建议：此练习最好在垫子上或草地上做。

2. 压臂对抗。教学目的是为强化学生的上肢力量，培养其持久性。练习方法：教师将练习者分成人数相等的甲、乙两队，甲队在前，乙队在后。乙队练习者两臂伸直，压住甲队练习者的上臂，教师发出"对抗"的口令后，乙队练习者直臂用力向下压住对方，甲队练习者尽力将对方两臂抬起。最后以得分多的队为胜。练习规则：（1）练习者肘关节均不得弯曲。（2）被压者双臂抬到水平部位算获胜。教学建议：此练习男、女要分开进行，也可以在室内做。

第四节 终身教育思想在高校体育教学中的应用

一、终身教育思想

（一）终身教育思想阐释

"所谓终身教育是指一系列非常特殊的观念、实验与成就；换言之，就其最完整的意义而言，教育包含各个层面与方向，从出生到临终未曾间断的发展，以及各个不同的点与发展阶段之间非常密切且有机的关系。终身教育思想并不是现代体育思想的一个新名词，它发源于古代，并在人类历史长河中不断积淀、丰富、发展和完善，并在现代得到提倡。终身教育思想的观点主要包括以下几点：第一，从教育历程来看，人从出生直至生命终结都是受教育的过程；第二，从学习方式来看，不再一味地被动接受学习，而是自我主动地学习；第三，从教育目标来看，终身教育重在发展完善的人和和谐的社会。终身教育思想有利于变革社会中主流的教育思想观念，使之朝科学化的方向发展。

（二）终身体育思想下高校体育教学的改革研究

当今的学校体育教育已经慢慢跨越了学校的围墙，时间上由学生时期延伸到工作后，空间上由学校延伸到社区。就纵向而言，学校体育分为学前体育、学中体育、学后体育，或幼儿体育、中学体育、大学体育以及就业以后的体育。就横向而言，学校体育体系是终身体育体系中的一个重要构成，它并列于家庭体育、社会体育，使得学校体育与社会体育、家庭体育统一发展，三者密切配合、相互协调，形成一个由幼儿体育、青少年体育、中老年体育有机贯穿的以全民为对象的终身体育教育体系。高校终身体育教学主要可以从以下几个方面入手。

1. 延伸教学范围。事实表明，体育课堂教学毕竟是有限的，只有把体育课堂向外拓展，才是真正培养学生的体育兴趣、激发学生的体育动机、提高技能的有效途径。基于此，学校应该结合自己的实际情况，经常开展如年级联赛、俱乐部赛等丰富多样的课外竞赛活动，以便学生有选择、参与和展示自己的机会。此外，还可以通过开展一些知识竞赛，来提高学生对体育文化理论知识的理解和掌握。他们能在实践中感受到学有所用，更加懂得保护自己，更加有成就感，从而激发他们的运动热情。

2. 完善教学方法。多种教学方法并用：在过去传统的体育教学中，教学方法一成不变，单一乏味，吸引不了学生的兴趣，激发不了学生的参与热情。只有教师经常向学生提出新要求、新任务，才能不断吸引学生的练习兴趣，保持神秘感，一直牵动学生那颗好奇的心。这样一来，学生就会对所学的内容产生浓厚的兴趣，进而积极主动地参与学习过程。用体育游戏激发学生兴趣。体育游戏的外在表现形式为游戏，但它实际上属于身体锻炼活动的一种。体育游戏也是一种有意识的、创造性的活动。由于体育游戏对设施要求不高，简单易行，而且难度低，趣味性强，因此它适合各类身体素质的学生共同参与。体育游戏必须符合课程内容和学生的特点。高校体育教学过程中选取的游戏的动作、情节、规则和组织方法都要与大学生的身体素质和教学目标相适应。除此之外，游戏还有利于学生提高基本运动技能、提高身体素质、养成团队合作意识。

游戏的设计也应当把教学场所和教学设备等实际情况考虑进去,要从学校的实际硬件设施出发,安排一些切实可操作的游戏活动。所以,体育教师在设计游戏之初,就应该把简便性原则作为游戏选择的首要原则。既要选择那些能够提高学生运动技能、发展学生身体素质的游戏,也要选择那些能够活跃教学氛围、增强团队精神的游戏。

3.培养学生的学习能力。终身体育思想的树立,应该同素质教育和现代体育教育结合起来,不可割裂来看。体育教师应注意增强学生的体育意识、培养学生锻炼身体的习惯、增强学生体育学习的能力。其次,体育教学的方法和各个实施环节都要建立在学生综合素质提高的基础之上,体育教师要变革传统的体育教学方式和体育教学内容,发展学生的创造性思维、培养学生自主学习的教授过程。最后,"以学生为中心",让学生当自己学习的主人,使学生养成学会学习的习惯,培养学生自我摸索、自我发展、自我形成终身体育的态度和行为。

在现代社会,只有不断创新才能吸引人们的眼球。这就要求体育教师要不断更新、与时俱进、把握时代的脉搏,丰富教学内容,采用创新的教学方法,并将其很好地融合到具体的体育教学实践当中,吸引学生参与体育活动过程,提升学生自我学习的能力。

二、激发学生的体育兴趣,为终身体育奠基

(一)兴趣的重要性

心理学认为,人力求认识某种事物或进行某种活动的心理倾向就是"兴趣"。兴趣体现在教学活动中,具体表现为学生强烈的积极性和兴奋状态,一旦教学内容吸引了学生,学生就会对学习充满兴趣,引发前所未有的求知欲,进而表现出对所学内容想要理解和掌握的强烈需求。培养身心健康的学生才是体育教学的最终宿命,因为大学生身心发展直接关系着祖国的现代化建设,直接关系着科学技术的发展,直接影响着综合国力的提升。体育锻炼之所以特殊,就在于它需要人们亲力亲为,不可代替,而且收益最大的永远是人自身。如果体育教师不注重对学生体育活动兴趣和锻炼习惯的培养,那么终身体育也就如同无源之水、无本之木,遥不可及。学校体育改革应该侧重培养学生的体育能力,让学生体育在课内外有个很好的衔接过程,最终培养学生终身体育锻炼的好习惯。

(二)如何培养学生的体育兴趣

1.树立体育重要的观点。受传统观念的影响,体育课长期得不到学校与家长的重视,甚至很多学生和教师也都觉得体育课程不重要。使学生明确体育的重要性如同经济、政治、军事、科技一样,都是国家、民族的综合实力的体现和主要

构成部分。良好的身体是为祖国提供有用之才最基本的保障。

2. 确立教师的主导地位。体育教师在体育课程教学中占据着主导地位，同时也是体育课堂的指导者。此外，体育教师作为人民教师，还应该为人师表，为学生起到表率作用，用自己特有的精神风貌去感染身边的每一个学生，让他们受到熏陶和感染。学生会因为爱上体育老师，而爱上体育课程的学习，这也是体育教师的魅力所在。

3. 让学生体验成功的快乐。"成就感"能增强人的自信和兴趣，在教学过程中，体育教师要细分教学目标，让学生尽可能通过努力便能达成目标，获得成功的体验。欣赏他们身上的每一处发光点，进而增加学生的自信心和学习体育的兴趣。

4. 通过组织竞赛激发学生的兴趣。每个学生都想获得大家的赞美和认可，都想把自己最好的一面展示在大家面前，这就需要体育教师为学生提供一些可以尽情展示自己的平台。在竞赛中，每个学生都有获胜的机会，每个学生都可以尽情地展示自己，每个学生都能在竞赛中获得快乐体验。

5. 鼓励大胆创新，勇于实践。"创新"是国家兴旺发达的不竭动力，是推动民族进步的灵魂，是素质教育的核心目标。因此，在教学过程中，体育教师要竭尽所能为学生创设民主和谐的良好氛围，鼓励学生敢于创新、善于创新，不断超越过去，促进学生创新精神的培养。

6. 教学方法的采用。体育教学需要场地、运动器材等，教师在安排场地、器材时要以激发学生学习兴趣、营造快乐氛围为前提，这样有利于学生更好地学习和掌握运动技能。体育教师可以在教学过程中广泛运用风趣、诙谐的语言，使学生在教学过程中得以放松和愉悦。学校体育教育为终身体育意识奠基，它能够潜移默化地影响人的一生。学生在进行体育锻炼的过程中，形成一技之长，并发展自己进行体育锻炼的积极性和主动性，为将来终身体育意识和行为的形成奠定坚实的基础。

第八章 高校体育教育教学创新发展

第一节 高校体育教育的道德传承和作用

一、"德"在高校体育教育中的意义分析

增强学生体质，培养学生良好的身心素质，是高校体育教学的根本目标和出发点。在学校体育教学中，学生通过参与身体锻炼以及互相配合来获得知识与技能，这就在客观上为教师培养学生的道德品质提供了条件。但大部分体育教师往往只注重课堂组织教法的运用和学生技能的提高，忽视了体育教学中的德育教育，甚至认为德育是文化课的任务。叶圣陶先生曾说过："什么是教育，简单地说就是要养成良好的习惯，对于德育而言，就是要养成良好的行为习惯。"在体育教学的过程中，教师向学生传递知识、答疑解惑，提高其身体的力量、速度、耐力、柔韧、灵敏等素质。当今社会，由于亚健康人群的增多，身体健康日益成为人们关注的焦点，体育健身锻炼逐渐成为人们生活中不可或缺的部分。德育，主要是指对学生思想素质和道德层面的教育。德育的最终目的是要帮助学生树立正确的道德价值观，对是非荣辱形成正确的评价标准，最后内化为自身的内在品格，保持并发扬于有形的生活之中。因此，现代高校体育教学也成了德育教育的重要载体和桥梁。纵观体育教学，"德"在其中主要具有以下五点意义作用。

（一）培养学生的坚强意志

与竞技类体育教学不同，高校体育教学对学生的技战术没有那么高的标准和严格要求。现代体育教学需要培养学生的优良品质和良好的意志力来共同达成当今社会所提出的全新的体育教学目标。基于此，体育教师应以体育教学大纲为基本着眼点，适时创新教学内容，对每一个学生进行个性化的特殊处理。

（二）培养学生的竞争意识

现代社会是一个高效率、快节奏的社会，因此，人们若想在社会中脱颖而出，必须时刻保持最佳的竞争状态。竞争意识，简而言之，就是对外界活动持有积极应对的心理反应。作为体育运动项目突出特点的竞争因子在体育竞赛中表现得淋漓尽致。体育竞赛和活动，可以激发学生身上的竞争因子，调动学生的竞争细胞，激发学生的最大潜能。从此种层面上来说，体育教学的德育功能主要体现在激活学生的内在竞争意识，培养学生勇于拼搏的竞争意识，在竞争中树立良好的道德行为规范。

（三）培养学生的团队合作意识

虽然当今社会充满竞争，但是仍然掩盖不了合作是主旋律的事实。合作意识是个体对共同行动及其行为规则所赋予的情感与认知。合作意识也体现在体育运动项目之中，如篮球、排球、足球、接力、拔河等集体类运动项目的开展，单靠一己之力根本无法完成。只有通过队员之间的紧密配合，个人的价值才能在集体中得到最大的体现，最终实现自我价值，取得比赛的胜利。学生与学生之间关系密切了，交流频繁了，无形之中营造出相互帮助、相互关心、团结合作的融洽氛围。这一切也必将为他们在日后融入社会奠定坚实的人生基础。

（四）培养学生的自我约束能力

自我约束能力，简而言之，就是自己能够控制自己的所作所为的能力。教学管理，相对于常规学科来说较为困难，这就需要有一定的行为规范来保证体育教学活动的顺利开展。像"三大球"、"三小球"、田径和各种集体类体育运动竞赛项目，必须遵循该项目特定的规则。所以，长此以往，学生就可自然而然地形成良好的组织纪律观念，提高自我约束能力。

（五）调节学生的身心健康

随着社会经济的不断向前发展，人们的生活压力、工作压力越来越大，各种"富贵病"接踵而至。研究发现，体育运动可以帮助人们释放压力，满足一定的心理需求。我们不仅要让学生在科学合理的运动负荷下，实现身体素质的全面提升，还要让学生在日常的体育教学训练之余，得到精神上的放松。体育教学的真正价值在于学生在体育课堂上收获的不仅仅是健康的身体，还包含愉悦的心情。

二、中外"寓德于体"教育思想的分析

（一）国外不同时期的"寓德于体"思想研究

1. 古埃及和古希腊时期。在古埃及，人们很注重子女的教育问题，古埃及人

在关心子女身体是否健康之余，还很关注对子女智力和德育的培养。当子女成长为儿童少年时，古埃及的父母们会适时开展一些适合他们年龄特征、个性特征的游戏；当子女成长为青年时，古埃及的父母们会让他们尝试一些激烈的球类游戏和剧烈的户外运动，充分满足孩子们的身心需求。体育运动的开展不仅有利于人们"体"的发展，也有利于人们"德""智""美"的综合发展。古希腊人眼中的美德不单单指心灵美，它更关乎人们的道德和心理。所以，他们倡导"智慧的人"与"行动的人"相统一的教育理想。苏格拉底曾说过："体育和音乐教育一样，应该让他们从小就开始接受，而且体育训练应该十分小心且要终其一生。"

此外，其他一些古希腊思想家也都分别从各个维度详尽地论述了体育与道德之间的关系，但万变不离其宗，其主要论点依然是体育有着不可比拟的道德教育价值。在体育之于品格的价值研究上，古埃及人和古希腊人是明智的，他们很早就看到体育游戏和体育比赛的深层隐性价值。古埃及人和古希腊人主张人的全面发展。"寓德于体"的教育思想在古埃及人和古希腊人身上体现得淋漓尽致，值得我们学习与反思。

2. 文艺复兴和启蒙运动时期。文艺复兴后期法国人文主义思想家蒙田指出："教育绝不是着重于一个人心灵的培养；我们的教育也不是注重到一个人身体的锻炼，教育的对象是整个的人；我们决不能将之"一分为二"。因此，那一时期体育教育的本质是想让学生在体育锻炼的过程之中提高身体素质、道德素质和心智素质。由此，"身心既美且善"成了该时期希腊人体育教育的主旋律。英国著名的教育家约翰·洛克认为，体育是一切教育的基础。在他的观念里，培养出健康的人才是教育的最核心任务，而体育是能够实现这一任务的首要之选。他在这一套教育理论的基础之上，又研究出了一套适应该时期社会发展的"绅士评比准则"。他认为，一个真正的绅士不应该只拥有强健的体魄，还应该拥有良好的教养和优雅的风度。"人生幸福有一个简短而充分的描述：健康的心智寓于健康的身体。凡身体和心智都健全的人就不必再有什么别的奢望了；身体或心智如果有一方面不健全，那么即便得到了种种别的东西也是枉然。"自此，"健全的精神寓于健康的身体"成为人们推崇的主流教育思想。

卢梭的"身心统一论"是他的基本理念。他认为："教育的最大秘诀是使身体锻炼和思想锻炼互相调剂"，卢梭注重感觉经验，他倡导积极参与体育运动和比赛。此外，他还倡导广泛修建体育设施，推广体育竞技项目和游戏环节。他主张在该时期通过体育锻炼来塑造儿童的自我意识和理智情感。综上所述，众多教育家和思想家都主张人的身心要和谐发展。他们认为，身体和心灵是紧密关联的，让孩子们在游戏、竞技比赛活动之中，养成不畏吃苦、自立坚强、团结合作、勇于竞争、挑战自我等优良道德品格，这即是"寓德于体"。

3. 近现代时期。近代时期的德国，体育被视为保持身体健康的一种手段。当时德国的体育课程是以养生为主的，主要从卫生角度出发，研究一些与之相关的饮食、锻炼、着装、日光、空气等问题。由此可知，体育教学的三大任务早在18世纪后期就已经基本明确了。有着"幼儿教育之父"美誉的德国学前教育家、教育理论家弗里德里希·威廉·奥古斯特·福禄贝尔，主张抓住儿童早教这一黄金时期，优先开展体育锻炼，形成科学的道德品格，开发深层的大脑智慧。由此可知，他对游戏活动之于心灵意义是肯定和认同的。一系列的体育游戏活动必然会对其道德品质和智力产生一定的影响。

19世纪20年代末，英国体育思想家托马斯·阿诺德很重视体育运动以及体育游戏对教育的作用，他主张在学校教育中广泛开展竞技游戏，培养学生顽强、果断、正直的思想品格，提高整体教学效果。小说《汤姆·布朗的学校生活》，主要描绘了英国拉格比公学的生活，小说所折射出来的对竞技和体能的关注远比现实生活中多得多。赫伯特·斯宾塞紧随其后出版了《教育论》一书，书中的主要观点为：注重游戏的自然性。他主张体育教育过程中要记得遵循客观规律，要用科学的思想统领体育锻炼的全过程。他重视体育锻炼过程中人是否释放了最大的自主能动性。此外，他口中所说的自主能动性还包含有一定的独立性，他所希望的自主能动性是在独立性的基础之上产生和发展的。爱默生提出了他的人类自我完善和自立哲学的思想理念，这种思想在健身运动和竞技之中都有着重要的指导意义。健康才是人这一辈子最大的财富，他认为，离开游戏活动，单独谈一些空理论的教育是不完整的。清教哲学认为竞技运动在一定程度上会对道德品格的形成有影响。苏联现代著名教育实践家、理论家瓦西里·亚力山德罗维奇·苏霍姆林斯基认为，体育在人个性的全面发展进程中发挥着不可替代的作用。因此，在对学生进行体育教育的同时，必然也会对其进行一定程度的道德教育、智力教育、审美教育和劳动教育。例如，儿童时期的体育教育就应该以发展儿童的身体机能和促进健康为主；少年时期，体育教育的侧重点应当有所转变，除了提高身体素质外，还应拓展精神世界，发展智力潜能。在有了一定量体育锻炼的基础之后，身形的变化，增添了人们的青春活力与自信，心态和性格也因此变得柔和。

这一时期"寓德于体"教育思想突出表现为人们对体育教育中德育教育的重视程度。他们主张依靠纯天然的游戏和竞技来强壮人们的筋骨与体魄，激发情感，培养道德品格，最终塑造人的性格、磨炼人的心智。

（二）国内不同时期的"寓德于体"思想研究

1. 先秦时期。"造棋教子"源于《路史·后记》记载：故事大意为：尧的儿子丹朱，嫉妒心强，骄傲蛮横、凶狠残暴，品德恶劣，兄弟之间争吵不休，矛盾重重。尧得知后命人制作了围棋教育丹朱，希望在"棋道"的教育下，人也能改邪归正。春秋时期伟大的思想家、教育家、哲学家老子有云:"不失其所者,久也。死而不亡者,寿也。"人若想肉体活得长久就不能离开生命的根基,但若想获得真正意义上的长寿还是要保持精神上的人格。但是究其实质,养生需要保养的不仅仅是单纯的肉体,还应包括精神人格。这就告诉我们应该把形体和精神都抓起来,并且"两手都要抓,两手都要硬"。"静而与阴同德,动而与阳同波",这句话的意思是与阴同德,就像大地一样,厚德载物;与阳同波,就像九天之上,自强不息。

  孔子是儒家学派的代表人物,也是伟大的教育家、思想家。他在传承西周官学中"六艺"的基础之上,发展了独特的"礼、乐、射、御、书、数"等教学内容。孔子的道德标准是"礼",政治思想是"仁",对于体育思想而言,他倡导遵"礼"。孔子尚文,但文必须"之以礼";孔子尚勇,他认为:"仁得不忧,知者不惑,勇者不惧。"但是,他又警告世人"勇而无礼则乱"。故孔子有云:"有文事者必有武备,有武事者必有文备。"对于"礼"而言,孔子讲求将其应用于实践,空谈"礼"绝不是他的本意。凡是道德礼仪低下者,均不允许参与其中。因为他认为行射的最终目的并不是谁输谁赢,而是在于品鉴人的道德。由此可知,孔子注重"身心合一"的教育方式,倡导体育强身健骨之余,更加看重体育之于人的道德的影响。

  墨子是墨家学说的代表人物,他主张"厚乎德行,辩乎言谈,博乎道术"。他认为,"德"为"力行"提出了标准,指明了方向。他也主张通过"行射""习御"这一体育途径来强健人的筋骨、内化人的品格。这一时期"寓德于体"教育思想可以归纳为:肯定了体育对身心健康的价值,但是,这两方面相比较而言,更突出体育的健心价值,尤其是其德育价值。

  2.唐宋、明清时期。在唐代,以木射为代表的体育活动盛行:用木为侯,以球代箭,用球击射木侯。参加比赛的人员纷纷在木柱的对面用木球往木柱方向抛撒,击中有朱笔写字的木柱即获得胜利,反之,则视为失败。我们可以看出古人对哪些道德信仰持肯定态度,对哪些道德信仰持否定态度,进而帮助参加体育运动的人们形成正确的道德评判准绳。儒家"仁爱"思想在古代体育运动中也得到了很好的体现。

  明末清初杰出的教育家、思想家颜元,倡导施行文武双全、全面发展、综合素质高的学生教育。他对体育的德育功能有如下理解:"人之心不可令闲,闲则逸,逸则放"。因此,他招收学生时就明确提出"礼、乐、射、御、书、数、兵"都将作为学习的重点课程,而其中"射""御""兵"是基础中的基础。颜元倡导身心一致,主张德育、智育、体育同时发展,只有这样才能培养出社会发展所需的栋梁。这一时期"寓德于体"教育思想主要可以概括为:儒家思想中,体育运动蕴含着忠诚仁义、谦虚宽厚、包容礼让等"仁爱"思想。

3. 近现代时期。近代著名教育家蔡元培肯定了体育的首要地位，他说"完全人格，首在体育"。空谈道德的体育，会让人嗤之以鼻；空谈体育的道德，会让人的心灵无处安放。他在《体育之研究》一文中写道："愚拙之见，天地盖唯有动而已。""人者，动物也，则动尚矣；人者，有理性之动物也，则动必有道。""欲图体育之效，非动其主观，促其自觉不可。"此番言论很好地论述了德、智、体三者之间错综复杂的关系。

中国奥运先驱张伯苓认为，体育学科在学校教育中是一门基础学科，除了强健体魄外，还能培养公民的道德意识。他曾说过："运动之所争也，胜负而已，苟一战而负，人格上固尤不已，若人格有所损伤，则虽胜又岂值得若许代价哉？"著名大学校长梅贻琦认为体育是实现高尚人格的最佳途径。因此，他总结道：竞赛是为了练习团队的合作守法的习惯，而体育旨在促进团队道德的养成。著名体育家马约翰认为，体育除了具有强身健体和道德塑造的价值之外，还具有磨炼性格的价值。他曾说："体育最重要的效能是塑造人格，弥补教育不足之处，要学生学会负责任，学会帮助关心别人。"

这一时期"寓德于体"教育思想可以大致归纳为：肯定了体育的基础地位，与此同时也提出了"德体并进"思想。体育的团结协作、竞争突破精神可以向爱国强国精神靠拢，为祖国的建设提供综合性人才。

第二节 教学创新与人的思维特征

一、教学创新与人的实践

（一）实践是创新的源泉和动力

创新是一种精神，是当今时代的鲜明特征。创新理论无疑需要主体的创新意识和创新能力，但重要的还是以不断变化发展的实践为基础。现实世界体现为主观世界与客观世界的二重化，而实践则是主观世界和客观世界分化与统一的基础。在现实的实践活动中，实践的人通常是实践活动的主导者，是能动的作用者。受动性揭示的是人对自然对象的依赖性，人类的一切活动，包括创造性活动都要受制于对象世界的支配和制约。人是实践的主体，所以能够把外部的现实事物以及连同人自身都变成认识和改造的客体，主客体之间在实践活动中所以能够实现"双向的对象化"，这在很大程度上要归功于人的能动性。主观世界并不是离开客观世界而独立自存的实体，也不是一个超然于客观世界而绝对孤立自存的世界。当然，主观世界具有的特征正是这种"由己性"，使人们在心意之内随意组合、建构客体，从而使主观世界既可能表现、肯定客观世界，又可能偏离、超越客观世界。主观世界是对客观世界的反映，它在观念的形式中反映着客观世界的内容，在概念中凝结着对客观世界本质的理解。

辩证唯物主义认为，人的认识是实践和创造的统一。首先，创造是以实践为基础的。主体对客体的反映是以信息为媒介的。人们要认识事物，首先要通过认识工具的参与以及感觉器官的作用，把客体复杂的实物形态信息，转化为能被人的感官接收的具有客体特征的信息。其次，人的认识不仅具有实践性，而且具有能动的创造性。也就是说，认识是一个反映、选择和建构的过程，所谓建构，是指主体在思维中对客体信息的重构过程。主体不仅要对来自客体的信息进行选择、加工和变换，而且要按照正确反映客体的要求在大脑中把这些信息重新组合成为观念的体系。可见，建构或重组是认识过程中主体能动性和创造性的突出表现。一方面，人们可以通过实际以及认识活动把客观世界转换为主观世界；另一方面，又可以把主观世界，尤其是其中的理想存在通过实践转换为现实的存在，成为客观世界的一部分。所以我们说，实践呼唤着创新，实践也为创新提供了广阔、丰富和深厚的源泉。

只有深深扎根于实践的理论才具有生机和活力。我们要进行马克思主义的理论创新，就必须不断地深入实践、深入群众，要立足于国内外形势的变化，把群众的智慧集中起来，形成新的思想和新的理论观点。

（二）实践基础上的理论创新是社会发展和变革的先导

实践活动是主体和客体之间能动而现实的双向对象化过程。因此，实践活动是实践主体和实践客体双向的相互转化的相互创造的双重化过程，是客体主体化和主体客体化的能动而现实的有机统一。马克思说："一切动物的一切有计划的行动，都不能在自然界上打下它们意志的印记。这一点只有人才能做到。""这便是人同动物的最后的本质的区别，而造成这一区别的还是劳动。"与动物相反，人却通过自己的实践创制活动让周围环境来适应自己，并且能够在自然界的基础上创造出一个适宜于人类自己生存、享受和发展的对象化的世界——"人的世界"。

受动性体现的是客体对象的制约性，而能动性所体现的则是人在对象性的实践活动中所具有的自主性、超越性。恩格斯指出："人的思维的最本质和最切近的基础，正是人所引起的自然界的变化，而不仅仅是自然界本身；人在怎样的程度上学会改变自然界，人的智力就在怎样的程度发展起来。"人类社会的发展是人们实践活动的产物。这个揭示和把握规律的过程，就是不断深化对客观规律的认识、不断进行理论创新的过程。理论创新是人们对自然、社会和人类自身发展规律更深刻、更完整的认识，它为人们提供科学的世界观和方法论，引导人们冲破传统观念的束缚，拓展新视野，开拓新思路，形成新认识。列宁也讲："没有革命的理论，就不会有革命的运动。"因此，"实践基础上的理论创新是社会发展和变革的先导。

一个民族要兴旺发达，要屹立于世界民族之林，不能没有创新的理论思维。我们要顺应时代发展潮流，跟上时代前进的步伐，更需要大力推动理论创新和其他方面的创新。深入研究回答现实生活中提出的重大理论和实际问题，努力拿出更多深刻的、有分量、有说服力的思想成果，更好地为党和政府的决策服务。

（三）实践没有止境，创新也没有止境

实践——认识——再实践——再认识，循环往复，以至无穷的过程，也是一个不断创新的过程。作为对客观事物及其过程的观念反映，理论也应该是发展的、变化的。任何一种理论如果不发展、不前进，不能随着时代、实践和科学的发展而不断创新，就会丧失生命力，就会成为历史的陈迹，被历史所淘汰。理论与实践的关系决定了理论必须永不停止地创新，科学的理论是对它所反映的特定领域普遍的、本质的内在联系的抽象和概括，因而能覆盖、解释相应领域里的各种现象，并成为参与这一领域实践活动的指南。"太阳每天都是新的"，现实的实践永无休止地在发展，而理论常常滞后于实践，这就决定了理论在本质上应该不断地发展和创新。

在实践活动中，始终存在着遵循规范和不断创新的矛盾，能否科学合理地解决这一矛盾直接关系到实践活动的成败。一般而言，人类的实践活动总是遵循一定规范的。对旧规范的突破、新规范的建构就是人类活动的创造性表现。规范具有一定的局限性。规范即使是正确的，它也受到两个维度的制约：一是时间维度，规范是静态的，而不是趋前的；二是空间维度，规范具有排斥性，它不能容纳非规范、非常规的事物。规范的局限性说明了创新的必要性。规范无疑对现实和未来的实践活动具有重要的指导作用。因此，如果一味地用既有规范去认识或评价变化发展了的事物，去分析有多种差异的其他事物，创新是理论的生命，理论的发展是辨证的，创新必须保持与时俱进的精神状态。

二、教学创新与人的思维特征

"思维是一种高级、复杂的认知活动，是人脑对客观现实进行的间接和概括的反映。"

（一）人的思维与心理过程的关系

1. 思维与认知过程。思维是以注意、感知、记忆为基础的。感知获得的事物映象，只有被保存在记忆中，思维才能对保存的事物映象进行分析综合、比较分类、抽象概括，才能反映事物的本质和内在联系。注意、感知、记忆为思维活动的产生奠定了基础，思维包含着注意、感知、记忆的成分和内容。想像和思维同

样属于认识过程的高级阶段,二者的区别在于认识活动中各种所用的材料不同,思维用的是抽象材料,想像用的是形象材料,思维的结果是对事物本质属性、内在联系的抽象表达,想像的结果是对事物的本质属性的内在联系的形象表达。有的心理学家把想像视为形象思维。有的认为"想像是思维活动的一种特殊形式"。

2. 人的思维与情感。思维是情感产生的基础之一,美国心理学家阿诺德的研究表明:对刺激的评估是情绪产生的直接原因;沙赫特的实验表明,情绪的产生是刺激、生理、认知因素三者整合作用的结果。他们都认为认知、评估等思维活动对情绪的产生具有重要的作用。情绪情感一旦产生,对思维会产生反作用。而不适当的情绪情感对人的思维活动效率具有消极作用。一般说,快乐、兴趣、喜悦之类的正情绪有助于促进认知操作活动,而恐惧、愤怒、悲哀之类的负性情绪,会抑制和干扰认知操作活动。"情感对认知操作活动的积极与消极作用,还反映在情绪的强度上。一个人当情绪唤醒水平较低时有机体得不到足够的情绪激励能量,智能操作效果不高,随着情绪唤醒水平的上升,其效果也相应提高,但唤醒水平上升到一定高度时,再继续上升,情绪激励的能量过大,使人处于过度兴奋状态,反而影响效率。"这就是反应情绪强度与认知操作活动效率之间关系的耶尔克斯-道森定律。

3. 人的思维与意志。意志与认识关系密切,意志依赖于认识,并以认识为前提,尤其以思维为前提,任何目的的确定,都要经过对主观需要,主观客观条件进行思维,进行可行性分析思考。思维活动中有意志的参与,是一种艰辛的脑力劳动,须要有坚强的意志做后盾,才能使思维活动确立方向,获得支持,克服困难,使认识活动获得进展。"众里寻他千百度,蓦然回首,那人却在灯火阑珊处",正是意志支持下克服思维中的困难使思维获得突破进展的生动描述。思维与意志虽属不同性质的心理活动,但两者关系密切,思维中有意志的参与,思维中渗透着意志。

(二)人的思维与个性的心理关系

1. 思维与个性心理特征。思维活动是思维能力形成的条件和基础,不进行思维活动,思维力无从产生和发展。思维力是个体能力结构的核心和代表,所以说思维是能力形成的重要前提之一。若无注意力,无法锁定对象;若无记忆力,信息、映象无法储存积累。思维力强,思维活动进行顺利、效率高,个体思维活动中蕴含着、形成着能力,反映着个体已有的能力状况。个体的这些基本神经过程特征,对思维活动也会造成影响。多血质气质类型的个体对所遇到的需要思考的问题,会从不同的角度来思考,能很快找到解决办法,显示出思维的灵活性、敏捷性、广阔性。胆汁质类型的个体遇到需要思考的问题,往往直情径行,只顾一点,不计其余,常认准一条道,坚持到底不回头,表现着思维的独立性、坚韧性、深刻性。个体的思维活动反映着个体气质类型的特点。

性格是个性的核心，是一个人本质属性的稳定和独特的结合，每一个体的思维活动有自己的稳定特点、习惯。有的人综合地看问题，易看到事物的整体，有些人分析与综合兼顾，二者平衡；有的人善于抽象思维，有的人善于形象思维。个体性格的理智特点一经形成，就会左右和规范着个体思维的方向、思维的方式。所以说，思维反映着性格、形成着性格。从上述分析中可以看出，思维与个体心理特征联系密切。思维蕴含着能力、气质以及性格的类型和特点。

2. 人的思维与个性倾向。任何个性倾向的产生都需要有思维的理性分析，即使是个体生理需要，也需有思维的分析、评估、判断，然后才能确立该需要，设法满足该需要。对于尚未立业，尚有重要任务未果的青年来说，也许会把结婚需要暂时放在一边，或隐匿压抑起来，所以某些需要会不会被意识到，被确认，会不会在需要体系中占据一定位置，需有思维参与认识评判才能确定。

高中生报考某高校专业学习的动机，需要深思熟虑，以对客观条件的分析综合、比较推断等思维活动为前提，未经思维分析，动机便难以确立。个性倾向一旦形成，对个体的思维活动便会产生动力作用，定向作用。个性倾向是思维的动力源泉之一，从思维活动的状况，可反映出个性倾向的特点。

3. 人的思维与意识的关系。"意识是人脑对于客观世界的反映，意识是客观世界的摄影、摹写、摹本，是客观世界的主观映象。意识是借助于语言实现的对客观现实的反映，通常人们把人脑对客观现实的反映统称为意识。从心理学的动态维度区分，可以把心理现象划分为心理过程和个性心理；从意识性维度上区分，可以把人的心理现象分成有意识、无意识、社会意识、个体意识、客观意识、自我意识、元意识等等。"思维是意识的高级形态。"思维涵盖着意识的全部内容。谢切诺夫指出："对于所谓外界影响不要做简单化的理解，制约心理现象的不仅有现实的外界影响，还有人所感受过的过去的外界影响的总和。"思维不仅反映着个体所处的客观现实，受客观的制约，还受着全部意识的影响制约，反映着个体意识的全部特点。

思维与意识过程的其他环节关系密切。思维与情感过程、思维与意志过程关系密切；思维与个性心理特征、个性心理倾向等关系密切，思维活动与其他心理活动过程共同在动态活动中构建出相对静态的个性心理结构。在个体的思维活动中反映和包含着个性心理结构的成分、特点和功能。思维作为高级意识形态，是人脑对客观现实的间接的概括的反映。概括起来看，个体的思维反映着个性心理现象的全部信息；反映着个体社会存在的种种特点，反映着个体意识的所有特点。思维活动不是孤立的，是受其他各种心理活动制约影响的。

第三节　高校学生创造力的培养和开发

一、人的创造和创造力开发

创造是人类区别与动物的基本特征和标志之一。随着现代科学技术与经济的快速发展，人类对科技人才创造力的培养与开发提出了更高的要求。1999年6月3日颁布的《中共中央、国务院关于深化教育改革全面推进素质教育的决定》中提出：当今世界，科学技术突飞猛进，知识经济已初见端倪，国力竞争日趋激烈。国力的强弱越来越取决于劳动者的素质，取决于各类人才的质量和数量，这对中国培养造就21世纪的一代新人提出了迫切的要求。在该决议中，除对学校教育明确提出了要培养学生"科学的世界观和人生观""坚韧不拔的意志，艰苦奋斗的精神""获取新知识的能力""分析和解决问题的能力""语言文字表达能力""团结协作和社会活动的能力""竞争意识、合作精神"等核心技能与要求之外，把创新精神和实践能力的培养放到了非常重要的位置。

（一）创造是智力因素和非智力因素的结晶

智力是人们在认识客观事物的过程中所形成的认知方面的稳定心理特点和综合，它与创造力的关系，研究结果并不完全一致。有的发现创造力高者智力未必高，或智力高者创造力未必高；有的发现智力低创造力必低；还有的发现创造力与智力的相关高低随着测量性质的变化而变化。智力高的人虽然可能比智力低的人更有创造性，但高的智力并不是创造力的充分必要条件。很多智力水平高的人也没有不同寻常的创造力，但却并不能保证总是如此。

非智力因素则有广义和狭义之分。从广义的角度说，凡是智力因素以外的心理因素，甚至道德品质都是非智力因素；从狭义的因素看，常常只把动机、兴趣、情感、意志、性格五个心理因素包含在非智力因素之内。创造力高的人常常具有特定的个性特征，如独立性强、自信、常常被复杂性所吸引、富有责任感、感情丰富、有决心、勤奋、富于想象、依赖性小、幽默、爱自行学习、愿意尝试困难工作、好冒险、有强烈的好奇心、能自我观察、兴趣广泛、爱好沉思、不盲从，等等。很显然，取得卓越成就所要求的不仅是较高的智力，更重要的是非智力因素。

个体的智力因素和非智力因素的发展，总是紧密联系、互相制约的。智力因素可以促进非智力因素的发展，例如，观察力发展中敏捷性的提高，思维力发展中探索性培养，想像力发展中独特性等等。反之，非智力因素也可以促进智力活动过程，它可以强化创造意识，激发创造热情，从而为智力活动的顺利进行提供动力，为智力因素的发展创造条件。因此可以说，创造是智力因素和非智力因素的结晶。

（二）创造是显意识和潜意识的交融

精神分析学派认为，人所意识到的仅仅是人的整个精神活动中位于心理表层的一个很小的部分，即显意识，而人的大部分精神活动则存在于心理的深层，往往意识不到，属于潜意识范畴。潜意识是自身意识不到并不能加以控制的意识，它包括各种各样的先天的本能和后天长期积累起来的储存在头脑中的知识经验。

现代心理学研究表明，创造是显意识和潜意识高度统一的产物。因此，整个创造活动都是由意识控制着。可以说，在创造活动进行而无明确结果时，在创造的冥思苦想尚未获得某种启示而豁然顿悟之前，确实存在着一种"潜意识"状态。可见，创造是显意识与潜意识交融的过程。潜意识是人类重要的意识库，人的绝大部分消息，就以这种形式深藏在潜意识的汪洋大海里。潜意识能阻碍来自客观的大多数刺激，而让少数经过选择的刺激信息进入潜意识思维过程。由于潜意识不像显意识那样遵循着正常的逻辑轨道，它不受人的知识经验、习惯定式的影响，可以不断地、无规则地流动、跳跃、弥漫、渗透，自由地、广泛地进行联系。在创造史上由于梦幻状态中的潜意识活动而产生创造性灵感的事例是很多的。在梦中，储存在大脑中的各种信息，不受自觉意识的制约，自由地组合成各种形象，其中也许绝大多数是荒唐的，但有极少数也可能是打破了常规逻辑程序、具独创性的新的形象和消息组合，给人以有益的创造性启示。

（三）创造是形象思维与逻辑思维的互补

人们对客观世界的认知是从感知开始的。关于客观事物整体形象的知觉就保留在人脑的记忆中形成了关于事物形象的表象。由个别事物的表象上升为一般表象，形成概念。在感性认识基础上，借助于抽象概括，将对具体事物的感性的表象上升为意象，将记忆中形象的表象作为思维材料，以联想和想象的形式对其进行再现、分析和组合，创造出新想象的思维过程与方法，就是所谓的形象思维。联想作为一种形象思维方法，也是创造活动所不可缺少的。在科学发现和技术发明活动中，人们的创造性思维有时表现为这样一种序列，即联想、类比、再造或创造性想象，最终建立起来某种认识模型或发明新产品、新技术。

尽管直觉思维、想象思维都是人们从事创造发明的思维形式和方法，但是他们本身也离不开逻辑思维的辅助和准备。没有逻辑思维能力的人是难以获得创造成果的，完全脱离逻辑思维，仅凭"灵感"或形象思维而获得科学发现或创造发明的情况更为罕见。心理学的研究表明，就思维的过程来说，逻辑思维和形象思维是不能截然分开的。在思维过程中，往往是用词语支配知觉和表象，同时又用知觉和表象来检验词语。

（四）创造是求异思维和求同思维的统一

创造力研究中广为使用的求异思维和求同思维是美国心理学家吉尔福特在"智力结构的三维模式"中明确提出并予以界定的思维方式。求同思维是指从已知信息中产生逻辑结论，从现成资料中寻求正确答案的一种有方向、有范围、有条理的思维方式。求异思维具有三个重要特征：流畅性、灵活性、独创性。求同思维在创造过程中也是不可缺少的，实际上，求异思维和求同思维之间有着极为密切的关联。所以说，创造力是求异思维和求同思维高度统一的产物。

（五）创造是知觉思维和分析思维的有机结合

知觉思维是人脑基于有限的数据和事实，调动一切已有知识经验，对客观事物的本质及其规律性联系做出迅速的识别、敏锐的洞察、直接的理解和整体判断的思维过程。而分析思维则是指遵循严密的逻辑思维规则，通过逐步推理得到符合逻辑的正确答案或结论的思维方式，它进行的模式是阶梯式的，步骤明确，包含着一系列严密连续的归纳或演绎过程。知觉思维有两种形式，即直觉判断和顿悟（或灵感）：知觉判断是一种自觉的思维形式，也可以说是逻辑判断的一种超常形式。顿悟或灵感则表现为自觉思维过程的中断，是在主体苦苦思考某个问题而理不出头绪，一时间不知所措，将问题暂放一边时却突然开窍，使问题获得解决的超常思维形式。

大量的思维表明，在创造活动中，直觉思维在确定研究方向、选择有前途的研究课题、识别有希望的线索、预见事物的发展过程和研究工作的可能结果、寻找解决问题的有效途径。它与分析思维相比，具有以下显著的特征：一是逻辑性；二是直接性；三是自动性。直觉思维是一个自然而然的过程，无需主体有意识地做出努力；四是快速性；五是个体性。直觉思维的主题对思维过程各种运算、心理活动没有清晰的认识，无法向他人说明，带有很大的个体性；六是坚信感；七是或然性。由直觉思维得出的结论可能正确，也可能错误，具有或然性，需要逻辑或实践加以检验。

创造常常是在直觉思维和分析思维的密切配合、协同活动下进行的。直觉思维是在积累知识经验的基础上形成和进行的，丰富的知识经验，有助于人们触类旁通，形成深邃的直觉。一方面，直觉思维的运用，与人们对各种实践方法的运用已十分娴熟时，遇到问题几乎无需再意识的选择，就能随机应变。直觉思维实际上是分析思维的高度压缩、简化、自动化和内化。另一方面，直觉思维和分析思维各有所长，也各有所短。创造就是直觉思维和分析思维有机结合、协同活动的结果。

（六）创造是左脑和右脑两半球的沟通

人脑左右两半球在功能上是高度分化的，左半球主要是处理言语，进行抽象逻辑思维、集中思维、分析思维的中枢；其操作是串行的、继时的信息处理，是收敛性的因果式的思考方式。而右半球则主要是处理表象，进行具体形象思维、求异思维、直觉思维的中枢；具有非连续性、弥漫性、整体性等功能；其操作是并行的、空间的信息处理，是发散性的非因果式的思考方式。这就使得两半球总是息息相同、高度统一协调，构成了一个统一的控制系统。斯佩里的研究表明，胼胝体"缺失"，会阻碍人脑左半球中专门化的非言语和空间定位的正常能力，同时左半球的言语和意志活动能力也会受到极大的影响。大量的研究表明，两半球在功能上不仅有分工，而且还有一定的互补能力，它们在一些具体功能上虽然存在主次之分，但都是相对而言的，而不是一种"全和无"的关系。因此，左右脑就好比是个不同类型的信息加工、控制系统，两半球间存在着密切的相辅相成、协调统一的关系，正是由于有胼胝体沟通左右两半球的这一联结功能，才会有大脑两半球的协同合作，才会形成既具有抽象的性质，又具有形象特征的"顿悟"或"灵感"，才能保证人类创造得以成功。

（七）创造是元认知监控的过程

元认知是由美国心理学家非弗劳维尔于1976年首次提出的一个概念。具体地说，它包括元认知知识、元认知体验和元认知监控三个方面。其实质是个体对其认知活动的自我意识与自我调控。通过自我意识的监控，人们可以控制调节自己的思维和行动。在这里，主体不时地进行自我反馈是非常重要的，它使主体及时发现认知活动进行过程中存在的问题，并做出相应调节，从而减少了认知活动的盲目性。

创造是智力和非智力因素、显意识与潜意识、想像思维和逻辑思维、求异思维和求同思维、直觉思维和分析思维的综合效应。可见，创造活动过程的顺利进行，离不开元认知的调控。创造的产生通常是由于采纳和使用了某些思维方式直接导致，而采纳和使用这些思维方式显然是超载主体元认知监控的结果。总之，创造就是产生新颖、独特、有价值的产品的过程，它是一种复杂的心理整合过程。

二、高校学生创造力的培养及开发

许多学者相信，创造力是可以通过训练加以提高的。帕金斯认为，有关创造力的理论支持，创造性思维可以培养假设。创造力与许多变量有关，在个体创造里的发展过程中，这些因素都扮演者一定的角色，因此，可以围绕这些因素来培养和开发学生的创造力。

（一）帮助学生树立目标和意图，强化内在动机

有证据表明，在有目标的条件下，即使不指导学生如何做，他们的行为有时也会比无目标时更具有创造性。许多学者也认为，动机在创造过程中扮演着非常重要的角色，有创造力的科学家与艺术家对待自己的工作常常充满激情。一个强烈希望自己有所发明创造的人，往往更可能获得发明创造的成果。虽然动机对创造力具有重要影响，但是动机有内在动机和外在动机之分，这两种类型的动机对创造力的影响是不同的。内在动机一般是出于对任务本身的兴趣，较之外在动机，内在动机对创造力发挥具有更大的影响。

（二）帮助学生掌握核心技能和专业知识，加强有利于创造的思维方式训练

近年来出现的有关创造力的一些新的、综合的理论则倾向于认为，创造力是许多因素，如个体特征以及社会、文化和环境等相互作用的结果。例如帕金斯认为，创造力是由内在动机、专业知识和能力，以及与创造有关的能力构成综合体。个体从某个专业领域中获得信息并通过加工、个体特征和动机对它进行改造和扩展，再由控制和影响一个专业领域的人所组成的场，对新思想进行评价和选择。

在教育过程中强调基本技能的培养有助于促进学生创造力的发展。在这些计划中，培养学生的"核心技能"成为一个占主导地位的重要内容。1989年，英国当时的教育与科学大臣贝尔在一次讲话中曾提出：年轻人如果要在未来把握更大的机会，就必须掌握一定的知识与技能，他们需要接受基础更为广阔的训练，需要向雇主展示灵活性，需要具备独立思考和行动的能力。沟通基本的计算能力、人际关系（小组工作与领导才能）、熟悉技术、熟悉社会制度和熟悉变化的工作与社会条件单位等核心技能。在某个领域作出创造工作的人，几乎都是该专业领域知识渊博的人，一个人如果不了解某个学科的知识，是不可能期望对该学科作出具有深远影响的创造的。专业知识在创造过程中则具有两面性：一方面，个体要把一个专业领域推向前进，就需要对这个领域有充分的了解；另一方面，对一个领域的了解，也可能导致封闭和墨守成规。一个人如果既能整体地又能部分地思考问题，对成为创造性思想者或许是有帮助的。

（三）激发与奖励学生的好奇心与探索精神

好奇心是一种持久的、根深蒂固的个性特质，对一个人的生活方式有重要影响。当新奇刺激出现时，会引起人们注意，进而接近、了解事物，尝试解决"这是什么""为什么"等问题。能够促发和唤起创造的好奇心，不愿意把什么事物都当成既定事实而不加批判地接受，而是强烈要求得到解释。许多研究认为，从不同的角度尤其是从新奇的、不同寻常的角度思考问题的能力，以及改变自己思考

角度的意愿与能力,是创造性思维非常重要的一个方面。或许有些人对周围世界的好奇心天生就比别人强,但是,所有儿童都有好奇心,他们到成年阶段能不能把这种好奇心保持下来,在很大程度上取决于早期生活是鼓励还是抑制这种好奇心。在课堂学习情景中激发学生好奇心的一种方法是让质疑成为日常课堂交流的一部分。教师的角色不仅仅是向学生传授事实知识,而是要帮助学生理解他们的任务是培养应用知识的能力,帮助学生学会如何形成一个好的问题及如何回答问题。

学生在本质上是一个质疑者,他们应用这一技能适应变化的复杂世界,学生是否能够继续提问,在很大程度上取决于教师对他们问题的响应。教师的响应方式可以分成若干种不同的水平,它们对学生智能发展的功能是不同的,响应水平越高,越有助于学生智能的发展。

第四节 高校体育教学创新

一、创新的双向心理过程

有关创新活动的研究,比较有代表性的是英国心理学家华莱士所提出的创造过程四阶段论和美国心理学家艾曼贝尔所提出的创造过程五阶段论。艾曼贝尔从信息论的角度出发,认为创造活动过程由提出问题和任务、准备、产生反应、验证阶段、结果五个阶段组成,并且可以循环运转。其实,创新是内化创造与外化创新的统一。

(一)信息的双向心理加工过程

心理是人脑对客观世界的主观反映,从信息论的角度看,这种反映是通过信息加工完成的。参与加工的信息主要有三种形式:一种是反映客观事物存在的原始信息,一种是借助媒体信息化了的信息,还有一种是信息的自然形式输入人脑后转换成的,可以由人脑存储和加工的信息的心理形式。这两种系统都可以为认知加工提供参照和结构原型。表象系统在意识加工和无意识加工以及非逻辑加工中都发挥着重要的作用,而符号系统则主要在意识加工和逻辑加工中作用更为突出。

(二)信息的内化过程和外化过程

从信息流的运动方向分析,创新心理过程不是一个单向过程,而是有内化过程和外化过程所组成的双向交互过程的统一。这种参与有两种形式,其一为协助式外化,其二为验证式外化。验证式外化在于检验内化的正确性,如将内化的信息说出来或做出来看看对不对。这种参与包括补充式内化和验证式内化。补充式内化往往是在外化过程受阻时借助内化激活、提取头脑中的有关信息或补充有关信息。这种参与到外化过程中的内化，就是一种补充式的内化。验证式内化在于检验产品的科学性。

（三）内化创新与外化创新

创新活动不仅发生在信息的外化过程，信息的内化过程也能产生创新。

1. 内化创新与外化创新。内化创新是指主体在获取外界信息并将其由信息的自然形式转化为信息的心理形式的过程中，不仅完成了外界信息与头脑中认知结构的结合，而且引起了认知结构一定程度的组合。这种伴随着信息的内化过程而进行的创新活动，称为内化创新，内化创新也叫创新性认知或创新性学习。内化创新有两种类型，一种是有预定的创新目的，为完成一定的创新任务而不断地搜集信息加以内化，并在内化的过程中能够积极地进行创新性信息加工，力争有新的发现或产生新的见解。人总是先在头脑中创新，然后才能将脑中所创之新外化成一定的物质形式或精神形式。没有内化创新就不会有创造。不从内化创新抓起，创新活动往往带有偶然性并缺少后劲。

2. 外化创新。外化创新是指主体根据一定目的或由于某种诱因的引发，通过认知加工进行一定程度的知识结构的重新组合而产生新新形象或新认识，并将这种新新形象或新认识从信息的心理形式外化成信息的自然形式的过程。信息的心理形式在外化的过程中主要凭借四种媒体形式：一是有声语言；二是符号语言，如文字、图形、数码等；三是形体语言，如动作、表情、体态等；四是电脑语言。再如有声语言要结合动作、表情、体态，而形体语言有时也要借助有声语言或符号语言才能交流。

3. 内化创新与外化创新的相互作用。人的创新能力特别是创新力都不是凭空产生的，而是经过无数次内化创新与外化创新的相互作用。内化创新是外化创新的基本条件，这种基础作用表现在四个方面：第一，内化创新为外化创新提供信息储备；第二，内化创新为外化创新提供结构重组的活性，因此，经常的内化创新；第三，由于内化创新过程中的认知加工提高了认知能力，使认知结构被改造得更为合理，因而，外化创新过程中的认知加工能力也得到增强；第四，内化创新是意识加工与无意识加工的结合、逻辑加工与非逻辑加工的结合。创造性的学习就需要学生要通过探索，自己去发现结论，获得前所未有、甚至是与众不同的新认识，往往要调动主体所储备的一切信息，使意识领域和无意识领域里的知识结构、认知结构都活跃起来。这种广泛的、区域性甚至是整体性的信息加工，必须实现一定程度的意识加工与无意识加工、逻辑加工与非逻辑加工的结合。

其次，外化创新为内化创新提供验证和发展方向。外化创新的内容影响着内化创新对信息的选择，因而影响着内化创新的发展方向。明确创新的双向心理过程，对于创造活动和创造教育具有重要意义。先有头脑中输入信息的创新，才会有创新信息物化或媒体化的创造产品。因此，只有不断地进行创新性学习，才可能有所发现、有所发明、有所创造。脱离开外化创新的学习，也只能把大脑作为知识的仓库。我们有理由认为，提高全民族的创新能力，最根本的措施是如何把学生的学习转变成内化创新与外化创新相统一的过程。

二、高等学校体育教学创新

21世纪的高师学校体育，创新是教学改革最强烈的呼唤，也是时代的最强音。学校体育不仅有培养和发展人的创新意识、创新精神、创新能力的任务，学校体育的发展也要靠改革和创新来实现。创新方法真正落实到教学实践当中，一个很重要的问题，是对过去的教学模式、教学内容、教学方法进行积极的反思，提高教师对教学过程的反思意识。

（一）构成高师学校体育教学创新的基本条件

教学创新从本质上看，应是教师的一种能力，是一种在传统教学方案基础之上的提升，是在对传统教学过程不断质疑的过程中，教师对教学过程的一种逆向思维和发散思维。因此，高师学校要实现体育教学创新的目标，必须明确创新的指导思想，创新应具备以下基本条件。

1. 提高体育教师的教学研究能力是实现教学创新的根本出路。体育教师要积极投身于教学实践与改革当中，改变自己的职业形象，改变体育教师的职业形象，这要靠体育教师自己的努力，积极增强科研意识，积极参与学校的教学改革，不断进行反思，设计和运用切合实际的教学方法，才能使教学处于一种创新状态。从自然观察的角度看，任何外来研究者都会改变课堂的自然状态，如想要达到观察的目的，又不改变原有的气氛与状态，做到原汁原味，就只能依靠教师。体育教师从教学实践出发，拥有更多的研究、创新机会，充分利用实践机会，大胆改革，创新先进的教学模式和教学方法，才能获得本身的生命力和尊严。

对于教学创新来讲，意味着体育教师要确信自己有能力构建新的知识结构，积极改进自己的教学实践。因为学校体育教学改革和创新的关键在于教师，改革和创新的任务最终要落实到教师身上。改变体育教师的职业形象，就必须下大力气提高体育教师的教学研究能力。以改革创新为契机，促进教师大量涉猎和收集教育教学的信息，提高理论素养，增强情报意识，使教师较快地接受先进的教育思想、理论和观念，进一步拓宽知识面。教学创新是教师的一种积极的教学实践活动，是教师对教学改革的一种强烈愿望，是自觉自愿的行动。

2. 提高体育教师的教学效能感是实现教学创新的动力源泉。教师的教学效能感是影响教师素质提高的一个重要因素。也就是说,一个满足于现状、教学效能感不强的教师,很难在教学中有创新。从现阶段高师体育教学面临的困境来看,如何满足当前学生对体育的需要如何实现教和学的完美统一,除了受学校教学模式、目标、课程、教法和教学环境、教学条件等诸多因素的影响外,还会受到教师主观因素的影响,教师的教学效能感便是其中之一。

教师的教学效能感是教师教育信念的重要组成部分,自我效能教师的教学效能感更多地表现在教师的师德和人格方面。高师学校要推动教学改革和创新的不断深入,加强教师师德的培养,将是未来教师竞争的焦点。

3. 拓宽教师继续教育的渠道、提高教师的教学能力是创新教学的基础。高师学校体育教师继续教育的必要性和必然性已经成为共识,在加强对教师继续教育的措施上,要采用灵活多样的方法,应重视对教师所学课程的正确引导,立足本职工作。把教学实践与所学课程结合起来,引导工作和学习相促进。重视学科理论、理论素质的培养,重视教师教学艺术和技术的训练。改变教师继续教育的观念,更重要的是在选用教材方面,能够编制一套包括参考资料性的阅读教材,适合自学的通俗理论教材,适合答疑性的高层次结构导论式教材在内的继续教育的专门教材。只有这样,才能把教师的学习和工作有机地结合起来,促进教师教学能力的提高。

教学创新需要教师专门的教学能力,教学能力是教师最基本的能力,是教师能力的综合表现,能力是知识内化的结果,知识是能力的基础。拓宽教师继续教育的渠道对于进一步提高教师教学能力和教学质量,积极进行教学创新打下坚实的基础。

(二)反思性教学对高师体育教学创新的启示

反思性教学是近些年西方一些发达国家兴起的新的教学实践。它是20世纪初反思性文化的出现强化了教学主体的反思意识,给教育工作者以极大的启示。随着心理学和伦理学以及教育理论等的进步,人们认识到把增强教师的职业道德感或责任感作为反思性教学的基础,教师对教学的"合理性"追求,成为教学主体反思自身行为的动力。反思是教师自觉的行动,教师在长期的教学实践中,借助反思不断探究和研究解决教学问题。

1. 立足教学实际,创造性地解决教学问题。创新是对传统、常识、常规与秩序的修正、超越和发展。其实,教师和学生都是创新教学实践活动的主体,唤醒学生的主体意识,弘扬学生的主体精神,就必须在教学实践活动中,为学生创设一个宽松、民主、和谐的教学氛围,确立学生在教学实践活动中的探索精神。教师针对问题设计教学方案并加以研究,通过解决问题,进一步提高教学质量,提高教师自觉的反思行动。立足教学实际,实施创新教学,培养学生的创新精神和创新能力,要重视学生创新智力品质的培养,又要抓学生创新非智力品质的培养,在教学的各个方面都要重视学生的创新。

2. 立足"两个学会",加速教学过程的整体优化。由于反思性教学以"两个学会"为目的。体育教师在教会学生掌握运动技术的过程中,不断要树立学生终身锻炼的思想,学会自我锻炼的方法,教师要在不断改革发展教学内容的前提下,学会适应时代教学的意义是深远的。教师学会教学,本身就是一种不断学习和创新的过程,学会教学是为了更好地满足学生学习的需要,是教师对教学内容的进一步理解。

3. 增强教师的职业道德感。教师的职业道德感不仅是反思性教学的重要基础,也是教师创新教学的基础。教学创新要求教师要有更高的职业道德感,才能对教学中出现的问题进行思考,进而动脑筋想办法来解决。教师首先要关注和研究同行在同一问题上的研究成果,在教学实践中加以推广和改进,只要是有利于本地区学生的实际情况,有利于学生的发展,能够提高课堂教学效果,就是一种创新。在一定程度上讲,提高教师的职业道德感,比提高教师的技术、技能更为重要。

体育教学是一种积极的、主动的师生共同活动的过程,体育教学的过程也蕴涵着创新教育的过程,改变教师的教育观、教学观、质量观、学生观,必须重视教师全面素质的发展。提高教师的自我效能感和教学效能感,使教师真正从"运动技术型"向"技术理论型、学者型"转变。

参考文献

[1] 杨君. 解析田径文化的缺失及重塑途径 [J]. 体育科技文献通报, 2017, (3): 144-145

[2] 罗海平, 马勇, 饶平. 复杂性视域下田径技术规范的理性分析与超越 [J]. 衡阳师范学院学报, 2018, (3): 146-150

[3] 马晓蔚, 夏春. 世锦赛田径竞争格局与演变特征研究 [J]. 广州体育学院学报, 2016, (6): 74-79

[4] 王平. 现代田径运动竞训发展探究 [M]. 长春: 东北师范大学出版社, 2015

[5] 张振丰. 从趣味田径运动角度探析普通高校田径选项课教学对策与改革 [J]. 新校园, 2017, (6): 130-131

[6] 张劲松. 多元智能理论下的高校田径教学改革探索 [J]. 产业与科技论坛, 2017, (3): 148-149

[7] 贾佳. 新教学理念下高校田径教学改革的几点思考 [J]. 内蒙古师范大学学报, 2016, (8): 130-133

[8] 张威, 黎嘉颖. 运动迁移技能在田径运动中的应用 [J]. 体育时空, 2018, (5): 149-149

[9] 马瑞鹏. 影响中学田径教学中运动技能迁移因素的研究 [J]. 科教导刊, 2017, (92): 35-36

[10] 李蔚栋. 运动技能迁移理论在田径教学中的作用分析 [J]. 田径, 2018, (11): 31-32

[11] 刘金凤. 田径教学与训练 [M]. 成都: 西南交通大学出版社, 2014

[12] 王海滨. 新媒体文化下的体育教学模式创新 [J]. 新闻战线, 2015, (5X): 145-146

[13] 刘冠程. 浅谈新媒体环境下田径运动的可持续发展 [J]. 当代体育科技, 2018, (23): 176-177

[14] 高聪. 我国田径高水平运动队训练发展现状及路径分析 [J]. 运动, 2016, (13): 32-33

[15] 陈中乾. 浅析田径运动员比赛能力的培养 [J]. 当代体育科技, 2015, (4): 49-51

[16] 吴林珍. 田径运动训练理论与实践探析 [M]. 长春: 吉林大学出版社, 2014

[17] 彭映雄. 新时期高校体育教育专业田径课程教学改革的研究 [J]. 体育时空, 2017, (15): 69-69

[18] 张驰. 研究新时期高校体育教育专业田径课程的教学改革 [J]. 文体用品与科技, 2017, (10): 143-144

[19] 李鹏伟. 研究新时期高校体育教育专业田径课程的教学改革 [J]. 俪人: 教师, 2016, (3): 263-263

[20] 刘永春. 新时期高校体育教育专业田径课程教学改革的研究 [J]. 体育画报, 2021, (6): 148-148

[21] 黄曼茹. 新时期高校体育教育专业田径教学改革的研究 [J]. 运动-休闲: 大众体育, 2021, (16): 90-91

[22] 王松岩, 张舒, 徐磊. 新时期高校体育教育专业田径教学改革的研究 [J]. 文学少年, 2021, (11): 1-1

[23] 褚姣姣. 新时期高校体育教育专业田径教学改革的研究 [J]. 灌篮, 2021, (12): 85-87

[24] 付建强. 高校体育教育专业田径教学模式改革探究 [J]. 科技资讯, 2019, 17 (13): 1-3

[25] 高锐. 新时期高校体育教育专业田径课程教学改革探究 [J]. 课程教育研究: 学法教法研究, 2019, (18): 157-157

[26] 宝军郭, 杨唐. "项目驱动"教学法在田径课程教学中的实践研究 [J]. 教学方法创新与实践, 2020, 3 (11): 94-94

[27] 李云涛. 创新中学体育田径教学方法探究 [J]. 女人坊, 2021, (9): 1-1

[28] 李传举, 蒋聪. 体育教学中田径训练强度与训练量的影响因素与对策 [J]. 科教导刊: 电子版, 2018, (36): 247-247

[29] 张明莲. 体育教育专业田径"翻转课堂"教学改革研究 [J]. 内江师范学院学报, 2016, 31 (6): 106-109

[30] 周盛发. 新时期高校体育教育专业田径课程教学改革与对策探析 [J]. 体育风尚, 2022, (2): 113-115

[31] 李荣国. 新时期高校体育教育专业田径教学改革的探究 [J]. 同行, 2016, (7): 269-269

[32] 谢小龙. 浅谈对体育教育本科专业普修田径教学模式的研究 [J]. 当代体育科技, 2017, 7 (13): 134-135

[33] 孙凯涛. 互联网+背景下田径运动教学改革问题研究 [J]. 电脑迷, 2018, (30): 248-249

[34] 沈艳, 朱清华. "互联网+"时代下高校田径教学创新改革的策略探究 [J]. 当代体育科技, 2018, 8 (31): 11-13

[35] 刘洋. 黑龙江省普通高校体育教育本科专业田径类课程现状研究 [J]. 文体用品与科技, 2017, (15): 119-120

[36] 罗百花, 韩国栋. 对高校田径体育课中应用分层次教学的研究分析 [J]. 当代教育实践与教学研究（电子刊）, 2016, (2): 170-170

[37] 李建霞. 高校体育田径教学中体能训练的重要性和价值研究 [J]. 拳击与格斗, 2022, (4): 105-107

[38] 郭林翠. 多元化视角下高校田径课程教学改革创新研究 [J]. 当代体育科技, 2018, 8 (26): 126-127

[39] 张迪, 王政委, 郑富强. 基于OBE教育理念的高校田径教学改革研究 [J]. 黑龙江科学, 2022, 13 (15): 110-112+115

[40] 张建新, 石孝宇. 高校体育专业田径教学中健康体适能理念的应用研究——评《田径运动训练与教学的多方位研究》[J]. 中国油脂, 2021, (1): 158-158

[41] 成文龙. 高职院校田径教学改革创新研究 [J]. 汽车世界, 2019, (5): 90-90

[42] 苏鑫. 新时期大学田径教学改革创新研究 [J]. 文体用品与科技, 2018, 2 (10): 119-120

[43] 任杰. 新时期大学田径教学改革创新研究 [J]. 林区教学, 2017, (4): 96-97

[44] 杨峰. 高校体育教育专业田径课程考核方案构建研究——以怀化学院为例 [J]. 体育科技文献通报, 2020, 28 (7): 48-49+58

[45] 杨文斌, 李俊恒. 滇中高校体育专业田径课程教学改革与创新的宏观审视 [J]. 玉溪师范学院学报, 2020, 36 (4): 124-128

[46] 蒋空究, 范成文. 健康中国背景下高校体育教育专业人才培养模式创新

研究［J］．田径，2021，（9）：32-34

［47］祝金彪．普通高校田径教学面临的困境及其发展策略研究［J］．文体用品与科技，2020，（7）：120-121

［48］李楠．对中职体育田径教学的创新探究［J］．下一代，2020，（4）：1-1

［49］钟敬平．试论新时期如何推动大学田径教学改革创新［J］．拳击与格斗，2020，（16）：51-51

［50］杜和平，肖刚云，王洁．以"合作教育"模式为抓手，创新田径课程教学与实践研究［J］．南昌航空大学学报：社会科学版，2018，20（3）：105-112

［51］张栋．高校体育田径教学课程现状与改革研究［J］．体育风尚，2018，（1）：176-176

［52］薛冰．"一流专业建设"背景下河南省高校体育教育专业师资队伍优化研究［J］．田径，2021，（8）：28-29

［53］潘泽凯，赵慧．高校体育教育专业田径课教学改革研究［J］．科技视界，2016，（1）：177+216

［54］柯露．新时期高校体育教育专业田径课程教学改革的研究［J］．当代体育科技，2016，6（22）：23-23

［55］孙凯涛．高校体育课田径教学与学生身体素质的关联［J］．智库时代，2019，（10）：199-200

［56］钱子君．新形势下，高校田径创新教学改革策略研究［J］．田径，2019，（7）：47-48

［57］张万寿．高校体育专业田径教学改革的研究［J］．赤峰学院学报：自然科学版，2019，35（10）：144-146

［58］吴健兵．普通高校体育专业田径教学改革研究［J］．语文课内外，2018，（9）：306-307